当代中国中青年经济学家文库

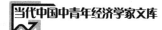

Research on the Methods of Accelerating New Product Development

新产品开发加速方法研究

戴德宝 著

经济管理出版社
ECONOMY & MANAGEMENT PUBLISHING HOUSE

图书在版编目（CIP）数据

新产品开发加速方法研究/戴德宝著. —北京：经济管理出版社，2012.4
ISBN 978-7-5096-1880-6

Ⅰ. ①新… Ⅱ. ①戴… Ⅲ. ①企业管理—产品开发 Ⅳ. ①F273.2

中国版本图书馆CIP数据核字(2012)第075082号

责任编辑：张 艳
责任印制：黄 铄
责任校对：超 凡

出版发行：经济管理出版社（北京市海淀区北蜂窝8号中雅大厦11层 100038）
网　　址：www.E-mp.com.cn
电　　话：(010)51915602
印　　刷：三河市延风印装厂
经　　销：新华书店
开　　本：720mm×1000mm/16
印　　张：15.75
字　　数：196千字
版　　次：2012年6月第1版 2012年6月第1次印刷
书　　号：ISBN 978-7-5096-1880-6
定　　价：39.00元

“当代中国中青年管理学家文库”
学术委员会

为了保证本套图书的质量，特邀请国内管理学和经济学领域知名的专家成立了专家委员会，从理论与实践的角度对入选专著严格把关。专家委员会对入选的学术成果坚持较高标准：第一，专著的作者必须具有博士学位；第二，专著所研究的问题必须处于经济学或管理学的前沿领域；第三，研究成果必须在理论上结合中国的实际进行本土化的创新；第四，要求有两位具有正高职称，从事相关领域研究的专家作为著作的推荐人。

我们希望，这套丛书的出版，能够对我国经济学、管理学的学科建设起到积极的促进作用，为解决我国社会主义经济建设中遇到的各种复杂问题提供理论的依据和切实可行的操作方法，并为广大读者了解、认识当代中国经济和企业管理的发展状况和发展趋势，从理论和实践上提供有益的帮助。同时，这套丛书的出版还将为国内从事经济学、管理学研究的学者搭建起一个出版高水平学术著作的平台，我们希望通过这个平台不断推出更多高水平的经济学、管理学著作。

陈佳贵

2006 年 5 月

总序

管理学和经济学作为哲学社会科学中实践性较强的学科，与我国的经济发展和人们的生活具有较为紧密的联系。改革开放以来，随着我国国民经济的快速发展，管理学和经济学的学科建设也取得了显著成就，成为越来越热门的学科。国外的大量著作特别是西方的学术著作，被翻译引进到国内，一些比较成熟的理论、方法、概念和范式被陆续介绍进来。其中有许多先进的思想和经验为中国经济建设提供了有益的借鉴，促进了中国经济的健康发展。同时，国内管理学和经济学的理论工作者和实践家，在引进、消化和吸收的基础上，辛勤耕耘，积极探索，在促进西方经济学、管理学本土化方面下了很大力量，取得了显著的成效，创作出一大批有影响的学术力作。

近年来，国内出版了种类繁多的经济管理类图书，但质量参差不齐、良莠混杂的现象比较突出，给国内读者的阅读带来一定的困难。从客观上讲，我国经济管理学科发展还滞后于经济管理实践。在社会主义现代化建设的进程中，有许多新现象、新问题需要进行深入研究和探讨。随着我国经济体制改革的深化和经济发展的加速，经济现象将更加复杂化，这就对经济学和管理学理论上的发展和创新提出了更高的要求。

这套丛书是由经济管理出版社组织国内大专院校和科研院所一批学有所成的专家学者撰写的经济学、管理学系列丛书。该套丛书学术性较强，力图在尽可能吸收国内外前人成果的基础上，结合中国的实际进行本土化的研究和创新，体现较高的研究水

前言

时间竞争战略为日本赢得竞争优势，从准时生产交付到快速柔性加工；时间竞争战略为美国赢得竞争优势，从汽车的流水线到电子的摩尔定律。在中国，将时间效率从生产阶段向前延伸到研发阶段是当务之急。感慨近年来中央领导关于自主性创新的高度重视，听闻各种媒体对自主创新意识的强烈呼声，综观国内令人喜忧参半的关于新产品开发理论与实践的现状，“加速新产品开发”的研究意义和其超时代的作用力无需赘述。新产品开发也许不是一个新的主题，却是人类追求的永恒方向。这源于人类创造的欲望，源于人类对未知领域的探索。站在全球经济一体化的高度，俯瞰复杂而激烈的竞争环境，当代企业需要加速创新并持续不断地推出新产品。加速新产品开发成功因素和方法的研究是现代企业保持竞争优势的有力武器，加速新产品开发的风险研究也是关乎现今企业生存和发展的重要内容。现代的中国需要冒险，现代的中国企业需要研发领先。新时代的中国要改变今天“世界工厂”的地位，不能总是廉价地出卖和出让宝贵的土地、人力和一切资源。中国非昔日之中国，俄罗斯也非昨日之俄罗斯，印度也非往日之印度，美国、欧洲和日本却依然在科技上保持领先。如此，局势告诉我们要为“中华之崛起”而创新，要参与全球创新竞争之潮流，要参与全球基于时间竞争之战略。自主创新创点金之法，开发中国知识产权的新产品，这是新时期每一个中国人必须担当的历史重任。

“中国创造”——我们渴望！我们行动！在全球经济一体化激烈

的竞争环境里，在迫切需求企业加速创新战略的情况下，进行关于新产品开发加速方法的研究具有深刻的时代意义和民族意义。在就读博士期间，我荣受导师陈荣秋教授启发和指导从事新产品开发的时间压缩方法方面的研究，当前的形势和状况验证了陈老师作为全国著名生产运作管理专家的眼光。提高效率、降低成本一直是企业追求利润和竞争优势的两个基本出发点，然而，对于身处信息经济时代的企业，制造、销售的时间空间和成本空间优势已不再明显，这就需要企业和研究者将触角伸向前端的研发阶段。这样不仅获得了效率的提高和成本的降低，也与以顾客需求、顾客满意度为中心的现代企业经营理念相一致。

提高新产品开发的效率如同加快产品加工制造速度一样，需要科学的管理方法，而不仅局限于技术的钻研。这里需要说明的是加速新产品开发方法与创新方法的区别，后者是关于具体产品的创新方法，是如何做到新，如本书中提到的“加法”、“减法”等；前者则着重在管理方面，总结归纳加速新产品开发的成败因素，改进新产品开发的技术和方法，调整新产品开发的组织等。在概念上前者包含后者。所以本书的核心内容是加速新产品开发的成功因素分析和加速新产品开发的方法研究，战略上还包括基于时间竞争概念的介绍。通过研究和分析，本书的创新性主要体现在四个方面：其一，使用“虚拟工件”思想对新产品开发前端和后端进行统一，使得新产品开发前端更加具体化和程序化；其二，运用在软件业已经成熟地面向对象思想方法进行新产品开发新型组织设计，避免常规的交叉功能团队的不足；其三，提倡用户需求管理科目化，运用会计科目管理类似方法对顾客需求分门别类，方便研发部门清晰了解顾客需求，并为销售人员提供方便；其四，本书设计了一种网络集成开发管理模型，在这种模型下，顾客不仅可以方便地提出自己的需求，而且可以通过企业前端设计软件，从外观到功能上实现设计参与。与一般编著的区别是，本书以笔者博士论文为基础，并进行适当调整、修改和补充，整体依然强调研究上的创新和突破。故在重点阐述创新内容及顾及知识体系完整性上，对于许多有关新产品开发的诸多方面内容进行简述或从略。以下为本书的研究逻辑：

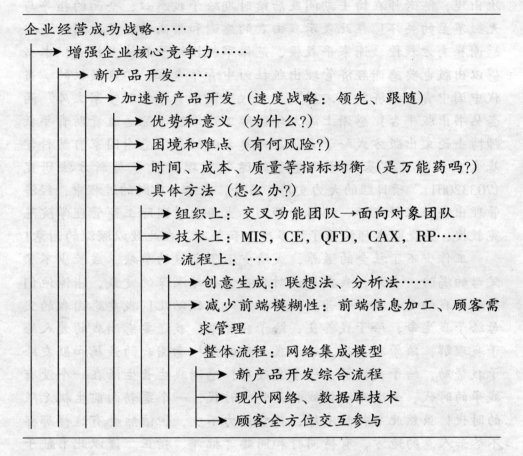

企业经营成功战略……
- 增强企业核心竞争力……
  - 新产品开发……
    - 加速新产品开发（速度战略：领先、跟随）
      - 优势和意义（为什么?）
      - 困境和难点（有何风险?）
      - 时间、成本、质量等指标均衡（是万能药吗?）
      - 具体方法（怎么办?）
        - 组织上：交叉功能团队→面向对象团队
        - 技术上：MIS，CE，QFD，CAX，RP……
        - 流程上：……
          - 创意生成：联想法、分析法……
          - 减少前端模糊性：前端信息加工、顾客需求管理
          - 整体流程：网络集成模型
            - 新产品开发综合流程
            - 现代网络、数据库技术
            - 顾客全方位交互参与

根据以上逻辑，本书章节编排上分为九章内容：第一章为新产品开发的背景和基本概念；第二章概括了加速新产品开发的国内外现状；第三章为加速新产品开发的成功因素分析；第四章到第七章分别从新产品开发前端（包括顾客需求），整体组织和集成角度研究了加速新产品开发的方法，内容包括上述的组织和流程上的创新；第八章为企业现状调查表的设计和部分企业实际调查情

况；第九章综合阐述了本书的主要内容和创新点，并指出与加速新产品开发相关的其他参考研究方向和对未来的展望。

从时间角度对新产品开发进行研究的思想来源于我的导师第二次出现，陈老师在博士期间及后续时期给予我悉心、全面的指导与无微不至的关怀！在此表示我由衷的感谢和崇高的敬意！同时还要感谢崔南方教授、谢家平教授、范体军教授给予的诸多指点！本书得以出版也要感谢经济管理出版社为中青年专家、学者提供的“当代中国中青年经济学家文库”、“当代中国中青年管理学家文库”两套丛书出版平台！感谢上海大学国际工商管理学院通过资助青年教师博士论文出版方式给予青年教师莫大的鼓舞！感谢国家自然科学基金重要项目“基于时间竞争的运作管理新技术与新方法研究(70332001)”项目组的大力支持！另外，在本书出版的过程中，经济管理出版社张艳老师、编辑老师们、上海大学国际工商管理学院陈宪教授、吴晓明老师给予了许多建议和帮助，在此致以深深的谢意！

工作少不了社会的滋养，成绩少不了家庭的奉献，成长少不了父母的渴盼。在此，我要表达对我岳父岳母深深的爱戴，谢谢他们为我和我的爱人不辞辛苦、任劳任怨地照顾幼儿！我要感谢我的父母给予我生命，给予我善良，给予我脊梁！我还要感谢我的爱人给予我理解，给予我支持，给予我全部的爱！感谢我的亲属和朋友给予我帮助，给予我理解，给予我鼓舞！感谢我生长生活在一个没有战争的时代、一个充满挑战和关爱的时代，一个蓬勃向前生机无限的时代！虽然此书耗时不短，花费精力不少，但依然会有这样那样不尽如人意的地方，有待同行和同趣者批评、指正。谨以此书献于我的亲人、我的朋友和我们这个时代！让我们永远满怀激情地为我们这个时代、为我们的祖国、为我们世界的现代和未来喝彩！

作　者

2007 年 12 月于上海

目录

1 基本概念

本章从外部环境、核心竞争力及运营重心等方面分析了现代企业竞争战略转移的背景。现代全球化复杂而激烈的竞争环境，使得企业不得不选择新产品开发战略，并将时间作为主导竞争优势资源，以顾客为中心，加速新产品开发，谋求生存与发展。本章还描述了关于新产品开发、基于时间竞争、加速新产品开发等基本概念。

科学技术的迅猛发展不断地推动着社会的进步，也改变着世界经济环境。经济全球一体化、计算机和信息网络技术的飞速发展、重视环境保护是当今知识经济时代的重要特征。摆在企业面前的是更激烈的竞争、更快速的市场变化、更追求个性化的顾客(3C 环境)[57]。企业管理理念的焦点发生了从产品到销售，从销售再到顾客的转移[231]。日本"二战"后运用基于时间竞争战略，以惊人的速度重新崛起。无论是看板管理，还是柔性生产；无论是精细生产，还是全面质量管理。这些从实践中摸索出来的管理思想和经验不仅可以降低成本和提高质量，更重要的是可以提高效率，而效率是由时间决定的。因此，千方百计地提高工作及生产效率，千方百计地缩短生产时间，使得日本在短时间内一跃成为世界第二大经济强国。日本除了在生产上基于时间竞争，在新产品开发方面也有充分体现。尽管在 20 世纪 90 年代中期，日本经历了历时最长的经济萧条期，然而作为日本经济实力的重要经济指标之一的企业竞争力，并没有随着日本综合国力的衰退而减弱，1997 年和 1998 年，美国《商业周刊》评出世界上最优秀新产品 37 个，美国占 16 个，日本占 11 个，日本一国的数量超过了德、英、法、芬兰等国与中国台湾地区的总和[141]。在新产品开发方面，日本的竞争优势仅次于美国。

(a)　　　　　　　　　　(b)

图 1.1　宝丽来与海尔的新闻对比

以产品为中心的运营理念已不合时宜，简单而大量的重复生产只能使企业走向衰败；以销售为中心的经营思想也不能适应市场，因为顾客有自己的设想，并且有意识要求实现；以顾客为中心、以顾客满意度为中心才是当前企业正确的选择。因此，现代企业生存和发展的必选之路是："基于时间竞争"(Time-Based Competition，TBC)＋新产品开发(New Product Development，NPD)，即加速新产品开发(Accelerating New Product Development，ANPD)。不仅要按照市场需求生产，还要按照市场需求研发和设计，不断向市场推出新产品，快速响应顾客需求，企业才能在竞争环境中赢得优势，获得持续成功。

图 1.1 中的（a）图为《环球时报》2001 年 10 月 19 日 19 版刊登的消息："不及时更新产品，未引入现代管理，宝丽来说垮就垮"，该消息指出，位于美国马萨诸塞州辉煌了近 50 年的宝丽来（Polaroid）公司破产的主要原因是，其核心产品即时成像相机没有及时更新，没有尽快抓住数码技术的家庭图像冲印业务，而狭窄的医疗成像技术被柯达（Kodak）公司挤出市场。可见，时间

是一种重要的竞争优势资源，并在21世纪继续发挥作用，它与成本、质量一起，是企业追求的永恒目标。图1.1中的（b）图为《科技日报》2002年4月28日一则消息："数家权威部门把海尔冰箱推上王座"，该消息称，中国商业联合会和中华全国商业信息中心、国家统计局中国行业信息发布中心的统计都表明，海尔（Haier）电冰箱在2001年度全国同类产品中销量第一，已连续12年稳居榜首。创新和速度是海尔制胜的法宝，仅2001年就推出了212款新产品。海尔冰箱的开发速度为每日一款，冰箱定制不超过一周，即使海外订单也不超过2个月。比国外同行快近一倍。宝丽来与海尔两个例子典型地说明了加速创新对现代企业的深远意义。

近年来的例子还有Google（谷哥）与Microsoft（微软）的人才之争[238]。据《经济》报道，2005年7月18日，微软全球副总裁李开复跳槽Google，担任其中国区总裁。这件事已经超出了微软与Google两家公司对一位技术人才的争夺本身。在全球科学界，李开复在语音识别、人工智能、三维图形及网络多媒体等领域已经跻身世界顶级科学家的行列。微软将Google与李开复告上法庭的事实也标志着PC时代的失败。可以用"Windows、Office、PC"完全概括的PC时代中，"Windows、Office"使得微软可以在整个PC时代乘风破浪，与其同一批诞生的商业巨头还有IBM、英特尔（Intel）、惠普（HP）。然而，随着互联网的兴起和广泛应用，内容和服务成就了Google、Yahoo等网络新贵，微软并没有从中获利太多。微软公司CEO鲍尔默承认："微软公司最大的失误之一是，没有从一开始就投资开发自己的互联网搜索技术，而是依赖外部厂商提供相关技术。"

可见，在全球激烈竞争的长时期历史舞台上，创新、人才、时间和历史的方向感共同成为影响一个企业长期生存与发展的关键因素。在新兴企业与老牌企业的拼杀中，可以看到加速新产品开发强大而长远的优势。

1.1 企业管理理念和竞争战略的转移

1.1.1 企业外部环境的变化

（1）全球化激烈竞争

新技术革命，特别是信息技术的发展，促使全球经济一体化和竞争全球化。今天，几乎所有高新技术产品都成了全球产品。从半导体元器件到各种新材料，从电子仪器、通信设备到计算机、家用电器，从汽车到各种运输机械设备，从石化产品、药品到生物技术产品，在世界市场上这些标准化了的全球产品以先前无法想象的巨大规模出现[192]。交通运输日益便利，关税壁垒将被彻底打破，信息和网络技术高度发达，任何一个国家和企业都难以回避竞争更加激烈的全球大市场。经济全球化要求企业必须以全球市场的眼光来审视企业的市场竞争态势和经营发展战略，在全球市场上构筑竞争优势，利用多种方式争夺世界市场。可口可乐（Coca-Cola）和百事可乐（Pepsi-Cola）、麦当劳（McDonald's）和肯德基（Kentucky）、摩托罗拉（Motorola）和诺基亚（Nokia）等不同市场区划的较量，使得国内市场竞争空前白热化，中国企业正在与全球“大狼”、“猛狼”共舞，中国市场也成了主战场。

（2）顾客需求导向

科技的发展、文明的进步和知识的普及必然会提高顾客的主观自我实现和尊重意识，现代社会更没有理由也没有条件不满足顾客多样而复杂的需求。在当前全球范围内，人类经济活动正在经历由“短缺时代”向“过剩时代”的转变，顾客有了更大的选择空间，除了过去的价格和质量需求外，还包括心理满足的新颖性和及时性。个性化需求是顾客的专利，是顾客精神世界自我审美价值实现的重要部分，是顾客性格和特征的展现。如今，人们不需要清一色的劳动布，不需要清一色的中山装，不需要清一色的西装领带，不需要清一色的牛仔服，“美不美、好不好，自己说了算”。许多房产公司将房间内部设计也交给了用户，实现定做。相信家用电器、通信设施等，也会如此。尽管商家不能期望顾客具有很强的专业和技术知识，力求使产品设计“傻瓜”化，但也需要兼顾现在越来越多的“专家”用户。总之，顾客需求特征随着技术、社会的发展经历了以下演变：从前大众传媒、大众营销时代的个性化服务，到大规模营销时代的服务，再到个性化回归；现代顾客是一群乐于索取的人，在需求上呈现出一定层次：需要了解公司产品和服务的信息、需要公司帮助解决问题、接触公司人员、了解整个过程[231]。

（3）产品生命缩短

市场竞争、科技发展和顾客需求变化的连环作用使得产品生命周期日渐缩短，现在产品的经济寿命比 10 年前缩短了 40%~60%[207]。随着电子技术的迅速发展，电子产品更新换代速度大大加快，每 2~3 年就出现新一代微电子产品。AT&T 公司新电话的开发时间从过去的两年缩短为一年；惠普公司新打印机的开发时间从过去的 4.5 年缩短到 22 个月；本田（Honda）公司的汽车开发时间从过去的 5 年缩短到 3 年；索尼（Sony）公司电视机的开发时间从过去的 2 年缩短到 9 个月。有资料表明，产品的生命周期大大缩短，从 1972 年的 11 年缩短到 1992 年的 5 年。产品生命周期的缩短与竞争的压力和企业的投入是分不开的[192]。根据对各个时期一些代表性产品更新速度与变化情况的分析，一种新产品从构思、设计、试制到商业性投产，在19世纪大约要经历70年，在20世纪两次世界大战期间则缩短为40年，“二战”后至60年代缩短为20年，到了70年代后进一步缩短为5~10年，而现在只需要2~3年[149]。美国商业部统计资料表明，30种家用商品的市场寿命在1920年为34年，到1940年为22年，到1960年为8年，到1970年已缩短为5年，目前仍在继续缩短[160]。这些也体现了时间或速度优势，实践证明，产品寿命周期为5年时，产品开发时间延长6个月，利润损失1/3；相反，遵守计划时间，开发成本提高50%，经营成果只减少约5%[192]。应该指出的是，技术的进步、激烈的竞争、顾客素质的提高和需求的变化是产品周期缩短的几个重要因素。

1.1.2 企业竞争优势与核心竞争力

(1) 企业竞争优势

企业要走向成功，首先是正确的方向，其次是准备和执行。企业战略就是为公司指明方向，强调企业“应该做什么”，业务层次战略（即竞争战略，又称战略业务单元）则回答“如何做”，更加清晰地指明企业应该在什么样的市场区划内竞争，企业要与哪些产品竞争，以及在指定的市场区划内如何保持可持续的竞争优势（Competitive Advantage）[155]，在供大于求的情况下，竞争是企业成败的关键。迈克尔·波特在《竞争优势》一书中将竞争战略的选择归结于两个中心问题：一是由产业长期盈利能力及其影响因素所决定的产业吸引力；二是决定产业内相对竞争地位的因素[188]。即，企业竞争优势 = 产业优势 × 企业在产业内的优势。成功的企业还可以对产业优势产生积极的影响。产业优势是企业的外力，企业基本不可控，故企业的竞争从某种意义上说是产业内的竞争，要靠持久性竞争优势长时间维持优于平均水平的经营业绩。

波特还将竞争优势战略分为三种基本类型：成本领先战略、差异战略和集中战略。成本领先战略要求企业要成为其产业中低成本厂商；差异战略要求企业选择一些有利于与对手竞争并使自身经营独具特色的方面，在产业内独树一帜；集中战略要求企业将优势集中于产业内的一种或一组细分市场。

（2）企业核心竞争力

讨论和选择战略的前提是企业所具备的能力。企业的核心能力即企业核心竞争力（Core Competence），是指企业赖以生存和发展的关键要素，是企业决胜的根本性保证，比如核心资源、技术和管理机制。它包括“软”的和“硬”的方面，也可能是无形的，不可测度的。C. K. 普拉海拉德和 G. 海默于 1990 年在《哈佛商业评论》发表了一篇标志性文章，引入了“核心竞争力”一词，并把“核心竞争力”定义为技能和竞争力的集合。企业的核心竞争力具有四种特征：具有价值、稀有性、不能完全被模仿、没有同等替代品[197]。这些特征表明核心竞争力的价值和独特性，独特的产品、独特的技术、独特的营销能力和独特的企业文化等都可以视为企业的核心竞争力。有学者把核心竞争力分成五个方面：公司员工的知识和技能、公司技术开发和创新的能力、公司的管理和生产经营能力、公司创造品牌和运用品牌的能力、公司独特的文化和价值观。也有学者将核心竞争力归结为管理能力（内部能力）、营销能力（外部能力）、创新能力（智力能力）三个方面。当管理能力和营销能力相当的时候，企业竞争力的高低便由创新能力决定。

核心竞争力对我国企业管理实践具有很强的指导意义，核心竞争力是一种“以弱胜强”的思想，任何企业要成为世界一流的企业都可以而且应该具有核心竞争力。最有说服力的例子就是中国的海尔，海尔从 20 世纪 80 年代初一个濒临倒闭的集体小厂一跃成为当今世界级的跨国集团，这不仅靠管理和营销，更要靠创新产品和创新文化。

1.1.3 企业运营重心的转移

现代企业是在科技革命的强力推动和市场发展的直接拉动下不断发展的。众所周知，三次科技革命有力地推动了现代工业企业由大量生产向多样化生产的转变，企业面临的市场规模不断扩大，市场形态由最初的求大于供的卖方市场向供大于求的买方市场转变，市场结构由规模化市场向多样化市场转变。现代发达的计算机网络使具有大量选择的全球化市场取代了有限选择的国内市场，计算机化生产使产品有了丰富的多样化设计，互联网给企业提供了与外界联络的方式，同时为消费者提供了对同类商品进行评价的空间，大规模市场营销开始向细分市场转移，顾客逐渐走上舞台和企业对话。环境的变化必然带来生存和发展方式的调整，企业的管理理念和竞争焦点在上述背景下也不断地发生明显的转移。

（1）速度优势

在竞争日趋激烈的环境里，面对稍纵即逝的发展机会，企业如果能够快速创新、抢先推出新产品，就能获得较高利润。据西门子（Siemens）公司推算，一项新产品每提前一天投产，可使利润增加0.3%，提前5天则增加1.6%，提前10天便可增加2.5%[178]。时间在现代日常生活中扮演的角色不断改变，重要性与日俱增。美国波士咨询公司（BCG）副总裁看重时间本位战略，相信速度将超过成本或品质而成为“涵盖全体的首要经营目标”。顾客需求偏好的转变、产品周期的缩短、现代企业竞争的白热化，使得速度或时间的优势成为必然[92]。依据企业产品创新的顺序，企业竞争战略有领先战略、快速跟随战略和后进战略三种，都是速度竞争优势的最终体现。

（2）以顾客满意为中心

科技与市场的变革和发展，不断地打破企业生产经营系统的平衡，使企业战略重点由传统的“以生产为中心”转向“以促销为中心”，继而转向“以产品开发为中心”[178]。从国际范围内来看，企业管理的发展过程一般要经历以下三个阶段：以生产管理为导向的阶段、以营销管理为导向的阶段、以研究和开发管理为导向的阶段[204]。企业管理理念正是在这样历史演进环境下发生了从“以产品为中心”到“以销售为中心”，到“以顾客为中心”，再到“以顾客满意为中心”的转移。企业的环境决定了企业时间竞争优势的选取和新产品开发核心竞争力的培养，同时也决定了企业“顾客中心”管理理念的转移，基于时间的竞争和新产品开发有效结合是现代企业的优胜选择。

（3）研发优势

现代企业不仅要具备相当的生产能力，而且要拥有较强的研发优势，才能在世界一体化的市场大潮中经受得起激烈、复杂而多变的竞争。研发优势是“速度优势”和“以顾客为中心”策略的保障，表现在企业的研发投入和研发能力方面。工业发达国家的各大公司都设有开发部、技术中心和实验研究机构，它们也非常舍得投入研究开发经费，公司研究开发经费一般都在销售额的3%~5%以上，有的甚至达到8%~10%。日本人认为，企业的开发经费如果低于企业销售额的3%，这个企业是不会有竞争力的。软件巨头微软公司年报显示，自1995年以来，微软年收入的15%~20%用于研究与开发，近三年的研发投入都在60亿美元以上。这一相对稳定的比率不仅说明微软研发费用与收入分配的关系，同时也说明微软的研发能力与持续稳定的投入是分不开的。微软中国研发集团总裁张亚勤强调[223]，微软中国研发集团将成为微软（除美国外）第二个核心……今后三年，微软在中国每年的研发投入将超过1亿美元，且仅是对员工的投入，由总部直接拨给微软中国研发集团。实际对中国的研发投入将会更高，1 亿美元之外，还有项目投放和研发设备的投入，这些均由总部进行一体化的规划。微软这一明智决策是对中国过去发展的肯定，也是对中国未来的信心。

近年来，中国企业的发展也不容忽视，由信息产业部 21 届电子信息百强企业排名中获悉[237]，该届百强企业 2006 年研发经费投入 434 亿元，比上届增长 21.1%，研发投入强度（研发经费占营业收入的比重）达到 3.9%，比全行业平均水平（2.1%）高出 1.8 个百分点。海尔集团公司、华为技术有限公司、中兴通讯股份有限公司、联想（Lenovol）控股有限公司的研发经费分别达到 67 亿元、59 亿元、28 亿元和 28 亿元，均比 2005 年有较大增长。研发投入占企业营业收入比重超过 5%的企业有 21 家，前五位的企业分别是华润微电子（控股）有限公司（43.6%）、中兴通讯股份有限公司（12.3%）、华为技术有限公司（8.9%）、武汉邮电科学研究院（8.8%）和广州无线电集团有限公司（8.5%）。高额研发投入使百强企业不断突破核心技术，不断积累自主知识产权，使我国信息技术领域国内专利申请的增长速度、申请数量都已超过国外专利申请。截至 2006 年末，海尔集团公司拥有专利 7008 项、华为技术有限公司 2575 项、联想控股有限公司 2331 项、美的（Midea）集团有限公司 2210 项。上述数字清楚地说明了研发在中国电子信息企业竞争中的优势作用。

1.2 加速新产品开发基本概念

1.2.1 基于时间竞争基本概念

日本“二战”后持续的经济腾飞和世界第二经济强国的成长过程引起了人们的关注。20 世纪 80 年代末，G. Jr. Stalk 在《哈佛商业评论》发表了一篇具有里程碑意义的文章——“时间：下一个竞争优势资源”[22]。在这篇文章里，G. Jr. Stalk 分析了“二战”以来日本企业经历的竞争优势演进过程：低劳动力成本优势战略（低成本）→基于规模的资金密集优势战略（低成本、高生产率）→集中生产优势战略（保持低成本、高生产率、高质量）→柔性生产优势战略（提供多品种，保持低成本、高生产率、高质量）。这些竞争优势战略在特定的历史时期帮助日本企业走出了困境，走向成功。G. Jr. Stalk 从日本企业竞争优势的演进过程中看到了时间的“前景”，提出了基于时间竞争概念，“今天，时间走向了前沿，成为竞争优势最有力的新资源”。图 1.2 示意了日本制造业焦点的变化[235]，这个变化过程也是日本“二战”后经济崛起和持续发展壮大的秘密。

基于时间竞争是一种压缩产品计划、开发、制造、营销和运输时间的竞争战略[40]，具有强有力的优势，是企业生存和发展的有效武器。加快产品开发与推出，快速设计和制造，快速物流配送及顾客服务，这使得新产品比竞争者更早或者第一个进入市场，并赢得更大的市场份额；大大降低产品长周期带来的时间成本，增强市场变化响应，降低风险；保证和节省运输时间及顾客

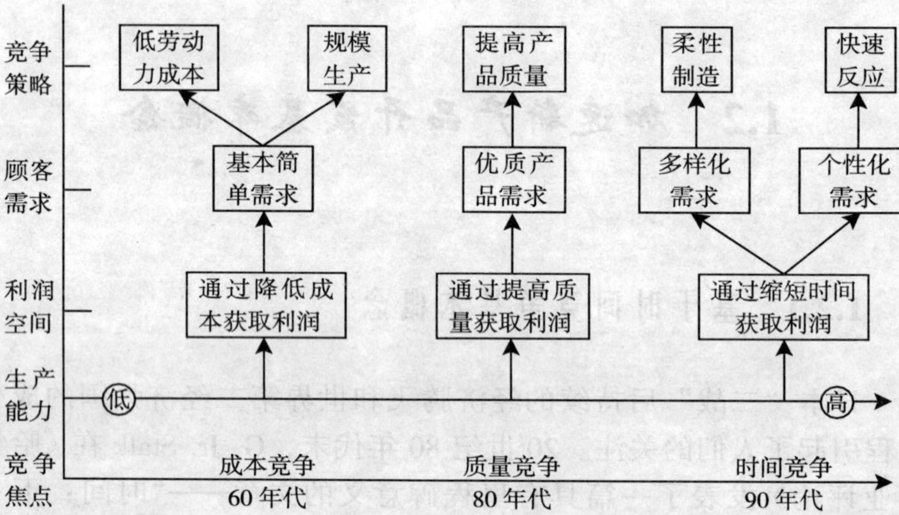

图 1.2 日本制造业竞争焦点的变化

时间，增加顾客满意度[22,26,33,36,39,40,65,70,77,81,82]。根据产品的价值流动过程，可将其分为基于时间创新、基于时间制造、基于时间销售、基于时间服务四部分，分别对应着创新时间、制造时间、销售时间和服务时间的缩短和加快，增强企业的市场竞争能力。

（1）基于时间创新（Time-Based Innovation，R&D）

创新范围很广，涉及生产和生活的方方面面。这里提及的创新是指产品创新，有的称产品计划（PL），有的称研究和开发（R&D）或新产品开发（NPD）[153]。在竞争优势上，时间或速度至关重要，不仅要将现有产品快速及时地送到顾客手中，还要具有快速研制和设计新产品的能力[85]。一个公司如果能够以快 3 倍的速度推出新产品，则必将获取竞争优势[22]。基于时间创新，一是求速度，二是求新。20 世纪八九十年代，在汽车领域，日本能够用相当美国或德国公司的一半时间和一半人数开发自己的新产品；通用注塑模具的开发，日本只花费美国竞争者 1/3 的时间和1/3 的成本；在制造方面，日本企业喜欢进行很小或很少的改进和改善，从而比西方推出新产品更快、更多；在产品开发工作的组织上，日本采用功能交叉团队的工厂单元，而西方产品开发活动则采用功能中心。不讲速度的创新很难“新”；讲速度而不创新，只能是盲目生产。

（2）基于时间制造（Time-Based Manufacturing）

基于时间制造与传统生产方式的区别有三点：生产运行周期、生产部门设置、生产调度的复杂性。减少生产运行时间意味着对顾客需求的快速响应和产品品种的快速更新；按照产品组织生产可以减少或消除以加工技术为中心的传统部门设置（工厂布局）以及工件停放、移动和等待时间；生产调度方面可以减少或消除由传统生产调度产生的延迟和浪费[22]。在制造方面，许多时间竞争策略也是准时生产制的重要组成部分，基于时间竞争来源于准时生产制，但不同于准时生产制，前者从外部上缩短端对端的制造时间，以快速响应不断变化的顾客需求，准时生产制则着眼于内部，消除不必要的浪费，目标是降低成本[88]。基于时间制造的实现包括车间雇员问题的解决、重建组织、网络型制造、预防维护、努力改善质量、可靠的供应商，以及拉动（Pull）式生产促进顾客大量定制[55,66,88]。

（3）基于时间营销（Time-Based Sales, Distribution and Marketing）

如果产品不能及时送到顾客手中，或者不能及时进行销售而形成产成品库存，那么快速生产也就失去了意义。20 世纪 70 年代，日本丰田（Toyota）公司生产一辆汽车平均只需要 2 天时间，但是销售一辆车却要花费 15~26 天，生产部门抱怨销售部门增加了产品成本。后来在 1982 年，丰田公司采取了营销驱动的弥补措施[22]。我国从计划经济到市场经济转型时期，盲目生产使许多企业走入困境。新产品开发的首要目标就是抢先占领市场，成为市场领先者，需要基于时间销售；另外，计算机网络和信息技术的发展推动市场进入电子商务时代，网上交易已相当普遍，网上交易距离与实物产品运输的矛盾需要基于时间销售来解决。基于时间创新和基于时间制造的动力是基于时间销售和配送。

（4）基于时间服务（Time-Based Service）

基于时间服务一是产品的售前、售后知识的传递与技术支持，二是针对服务业，前者在软件业体现得非常明显。目前，国内很多企业正在实现计算机化，实施企业资源计划（Enterprise Resources Planning，ERP），目标与现实的最大差距是员工计算机水平普遍达不到软件商和硬件商的假设和期望，因此快速及时的技术支持服务是项目成功的关键；另外，虽然基于时间竞争来自日本的制造业，事实上，快速及时的服务既能够降低服务成本，又可以争取顾客。近年来，美国的两大快餐连锁店麦当劳和肯德基在中国各大城市都相当成功，其主要秘诀之一就是时间。

1.2.2 新产品开发基本概念

有了明晰和准确的方向，且具备一定能力，企业就能够向顾客提供有效的产品和服务，参与市场竞争，并期望获取和维持产业内的竞争优势地位。从企业自身角度出发，其最终目标是在消耗一定资源的前提下，通过开发、生产、销售产品来获利，以此获得生存和发展。产品和服务是企业一切努力的终极体现。产品和服务是企业的生命，产品开发能力在企业多种核心竞争力中位于首位[29]。在竞争激烈的全球性市场经济环境里，企业一方面要面对多而有力的竞争对手，另一方面又要面对各类挑剔的顾客，单一、重复的产品和服务无疑没有任何发展前途，计划经济时代的“统进包销”一去不返。创新已成为当今企业发展的动力，积极进行市场探索，并不断开发满足顾客需求和具有一定市场前景的新产品是企业必走之路。新产品开发是加速新产品开发的另一主要背景，了解新产品开发的内容需要先清楚产品和新产品的基本概念，即什么是产品，什么是新产品，以及它们概念上的拓展。

(1) 产品基本概念

产品是在一定的时间与条件下，为了人们某种需要，通过有目的的生产劳动创造出来的劳动成果。因此，产品是劳动的产物，它具有满足人们某种需要的属性。在商品经济条件下，产品是买卖双方进行交换与交易活动的基础。卖方为了实现产品的价值而卖出，买方为了获得产品的使用价值而买进[207]。什么是产品，人们对其认识有一个过程，过去认为产品是企业生产的某种供社会使用的物品实体，是企业生产经营活动的物质成果，是企业适应市场需要的集中体现，产品是企业的生命[209]。过去，人们较多强调产品物质属性的一面，现在，这一概念得到了延伸和扩大，产品被看做是企业向社会提供的能满足用户需要的物品、服务和意识的组合。物品是有形（Tangible）产品，而服务和意识是无形（Intangible）产品。美国著名的市场学家 Philip Kotlor 教授提出了产品三层次理论[207,209]：

①产品的核心层：即产品的功能效用，即用户在使用产品中获得的基本利益，它是用户购买产品的基本目的。例如用户购买洗衣机，为的是洗衣服用。

②产品的结构层：是构成产品核心层的基础，是为了适应各种用户不同需求的形式，例如质量、品种、特色、式样、包装与价格等。

③产品的无形层：给用户以更多的需求与更大的满足，如安装调试、备件供应、维护修理等，它是产品的无形利益。

日益复杂的顾客需求将较多体现在产品的结构层与无形层上，它们直接涉及用户的物质利益与精神享受。因此，为了竞争，企业要十分重视结构层与无形层的开拓，以便更好地满足现代顾客的需求。另外，产品概念和产品三层次理论有利于对新产品概念的认识和理解。

(2) 什么是新产品

所谓新产品是指较之原有产品，在工作原理、结构、性能、材质、体积、重量、功能、用途等方面有明显改进，或利用新发明、新方法创制的产品。它是一个相对的概念，并具有一定的时间性、地域性、条件性等[209]。很广的新产品含义除包含因科学技术在某一领域的重大发现所产生的新产品外，还包括在生产销售方面产品在功能或形态上发生改变与原产品产生差异，甚至产品只是从原有市场进入新市场，都可视为新产品；在消费者方面则是指能进入市场给消费者提供新的利益或新的效用并被消费者认可的产品。按产品研究开发过程，新产品可分为全新产品、企业级新产品、改进型新产品、形成系列型新产品、降低成本型新产品和重新定位型新产品[153,165,179]。

①全新产品 (New-To-The-World)：全新产品是指应用新原理、新技术、新材料，具有新结构、新功能的产品。该类新产品在全世界首先开发，能开创全新的市场。如电灯、计算机、电视机等产品最初上市时都属全新产品。

②改进型新产品 (Product Improvement)：这种新产品是指在原有老产品的基础上进行改进，使产品在结构、功能、品质、花色、款式及包装上具有新的特点和新的突破，改进后的新产品，其结构更加合理，功能更加齐全，品质更加优质，能更好地满足消费者不断变化的需要。

③企业级新产品 (New-To-The-Company)：企业对国内外市场上已有的产品进行许可模仿生产或与其他企业联合生产，称为该企业的新产品。

④形成系列型新产品 (Addition to Product Lines)：指在原有产品大类中开发出新的品种、花色、规格等，从而与企业原有产

品形成系列，扩大目标市场。如系列化妆品等。

⑤降低成本型新产品（Cost Reduction）：以较低的成本提供同样性能的新产品，主要是指企业利用新科技，改进生产工艺或提高生产效率，削减原产品的成本，但保持原有功能不变的新产品。

⑥重新定位型新产品（Repositioning）：指企业的老产品进入新的市场，被称为该市场的新产品。该类新产品没有技术开发过程，主要集中在产品商业化运作的创新。

关于新产品的具体定义和新产品的分类，每个企业可能不尽相同，但基本上在以上范围内，且它们对市场和技术的新颖性存在这样的递增关系：⑥→⑤→②→④→③→①。当然，还有从其他角度对新产品进行分类，如按照地理特征，新产品可分为国际新产品、国内新产品和地区新产品；按照技术开发方式，新产品又可分为独立研制型新产品、联合开发型新产品、技术引进型新产品；按照先进程度，新产品可分为创新型新产品、消化吸收型新产品、改进型新产品和仿制型新产品；根据其用途归属，新产品可分为生产资料类的新产品和消费资料类的新产品[207]。

（3）新产品开发的意义

①新产品开发有利于提高企业竞争优势。企业在生存和发展过程中会面对多方面的竞争者，包括同行、潜入者、产品替代者等。即企业需要在选定的细分市场中发展和加强可持续的竞争优势。这就要求企业以时间为基础，不断更新自己的产品，或增加某些额外的特色以适应购买者或市场不断变化的需要。

②新产品开发能够提高企业形象。用户购买原因、竞争对手的反应、现有推销人员落实新产品的销路等因素，都有可能影响市场的反应。一项有价值的新产品能够提高企业的品牌形象，在顾客当中树立品牌意识，关键时候甚至能够挽救企业生命。

③新产品开发有利于保持企业研究与开发能力。各企业分配

给研究与开发的资金以及实际拥有的研究与开发的资源在数量上是不相同的。有的企业自己进行研究与开发，以支持新产品为一切；有的企业借用在市场上居领先地位的其他企业的研究开发成果；有的企业在这方面进行战略联合或合作研究；有的企业则进行了上述所有活动。维持一定的研究与开发能力并不能保证企业取得成功，但是把它与新产品开发结合起来，可以使企业在许多方面得益。

④新产品开发可以提高生产和经营资源利用率。一个未能按其生产能力运营的企业组织也许能够在许多方面改善其生产能力的利用率，但通常的方法是开发新产品。这对于拥有固定厂房设备的生产厂商（如汽车制造商）来说是明显的，但开发新产品的方法也适用于服务业。

⑤新产品可以提升品牌效应。现在一些企业已经利用其品牌权益来确定营销计划，进而开发新产品。营销计划一般是通过选定细分市场来制订的，每个计划都有其定位策略、满足各细分市场需要的具体产品特性、定价、广告、促销、销售队伍、分销渠道以及消费者服务等决策。如果营销计划适合细分市场的情况好于竞争对手，并且在一段时间内吸引了一批认识到该企业品牌价值的忠实客户，那么就存在在那个品牌名称下扩展新产品的可能性。

⑥新产品开发可以影响人力资源。成功的新产品开发可以创造工作岗位并且为事业发展提供机会。因为整个开发过程以及新产品推出后都需要增加人员，而且那些未实现的或者那些实现得很好的新产品从资金和人力方面来说，成本可能是非常高昂的。很容易理解一个研发型企业与一个制造型企业在人力资源结构上的较大差异。

虽然以上几点并不是企业从事新产品开发的唯一理由，但是有助于说明新产品开发对企业的重要性，或一个特定新产品开发项目的重要性；为新产品开发确定明确目标的基础；并且提供了一套预先确立的标准，据此标准可以制定新产品开发决策。

（4）新产品开发概念及流程

新产品开发是从社会和技术发展的需要出发，以基础研究和应用研究成果为基础，研制新产品的创造性活动，其需要与企业整体战略和目标一致，并在此基础上确定新产品战略。新产品开发阶段包括两个过程：其一是新产品管理过程，其二是新产品开发流程。如图 1.3[165] 所示的（a）图与（b）图。

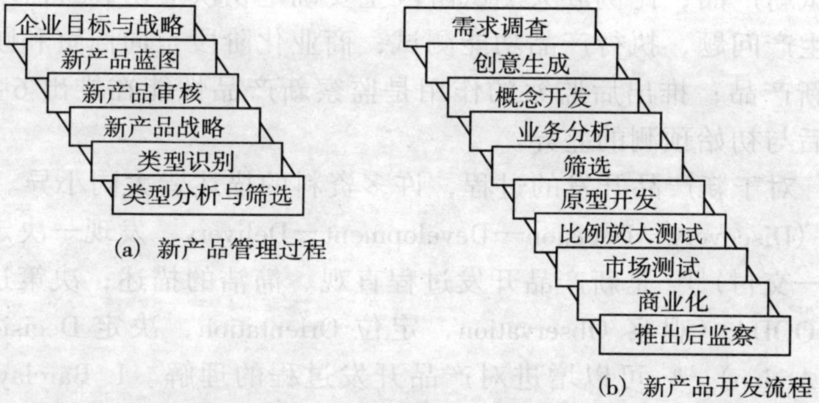

图 1.3　新产品管理及开发流程

①新产品管理过程像地图一样，提供到达目的地的方向和路线。企业的目标与战略描述企业长期和短期的经营目标与战略；新产品蓝图定义整体方向及新产品相对于企业其他增长目标和战略角色，描述新产品的目的和重要性；新产品审核估计新产品的功能、实力、缺陷及细小的内部阻碍；新产品战略定义满意的新产品成长空间、目标和战略角色，选择用于分类的标准和新产品概念；类型识别确定一系列类别，进一步保证新产品监察；类型分析和筛选用以描述开发业务景观（Visions），分析确定的类型。

②新产品开发流程是实现新产品管理具体目标的过程。需求调查调查外部市场与竞争趋势，探知一定市场区划内顾客的潜在

需求和问题；创意生成通过多种创造性问题的解决方法，生成新的创意，满足确定的类型；概念开发将创意进行初次筛选，并逐步形成（Develop）产品的立体描述；业务分析则为每一个概念阐明一个市场和竞争性的评估，并形成 2~3 年的预测表；筛选阶段记忆在业务分析阶段开发的财务预测，使剩余的概念满足所有的功能标准；原型开发任务完成产品开发，执行产品功能测试；市场测试的作用是确定顾客购买取向，在模拟市场和初次展出市场测试新产品；比例放大测试阶段主要确定初次展出装备需求和大批生产问题，执行产品功能测试；商业化阶段是向商贸和顾客介绍新产品；推出后监察的作用是监察新产品性能在推出 6~12 个月后与初始预测的差异。

对于新产品开发的过程，许多资料的描述皆大同小异。4D模型（Discovery—Decision—Development—Delivery，发现—决定—开发—交付）[14] 是新产品开发过程直观、简洁的描述；决策过程模型 OODA（观察 Observation，定位 Orientation，决定 Decision，行动 Action）[216] 可以增进对产品开发过程的理解。I. Barclay 和 Z. Dann [31] 在新产品开发复杂性的评估研究中提供了 13 步流程模型（见图 1.4），是一个比较详细的通用性新产品开发流程模型。

企业新产品开发过程大致可以分为三个阶段：技术开发、生产开发和市场开发 [160]。技术开发是指企业把新思想、新构思转变为新的产品原型或样品的过程，是企业为开发新产品而组织相关研究人员所进行的构思创意、研制产品原型或样品，并对其进行测试、评价和筛选等工作的总称；生产开发是指企业把新的产品原型或样品转换为新产品的过程；市场开发是指企业把新产品转变成为市场上所需要的新商品的过程。许多资料都对新产品开发过程进行了描述，大同小异，这里不再一一比较和列举。

（5）加速新产品开发的优势

加速新产品开发，也就是基于时间创新。在当今全球化的市

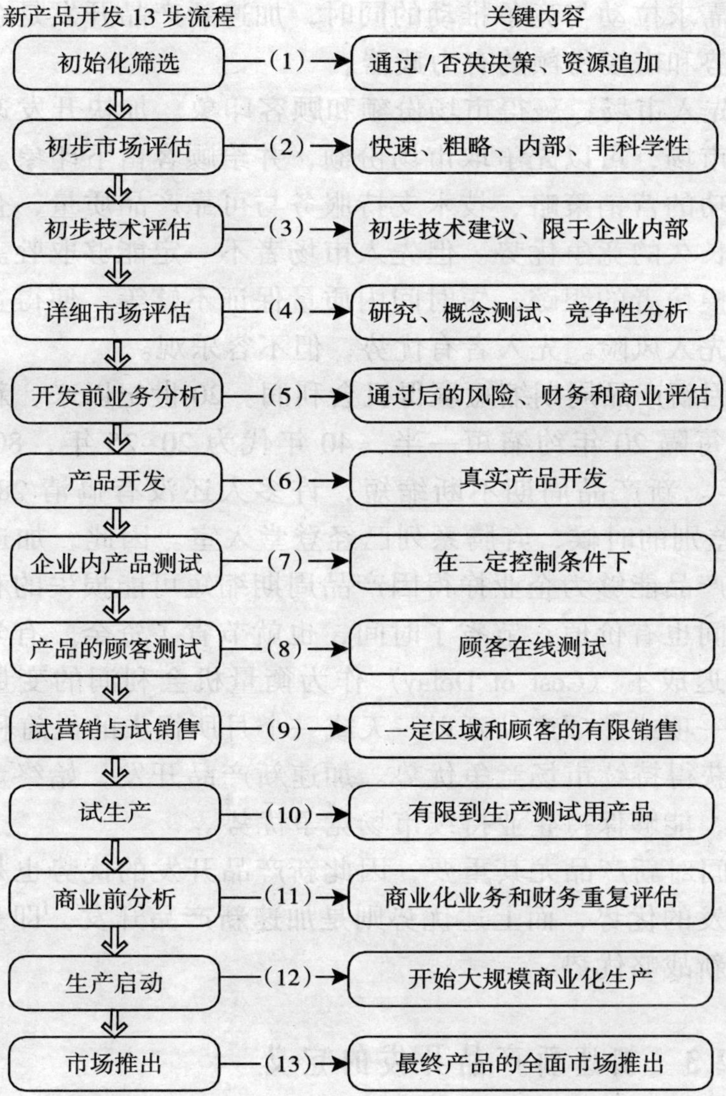

图 1.4　新产品开发“13 步”流程模型

场经济大潮中，快速向市场引入反映顾客价值的可靠性新产品是市场成功的前提条件[5]。新产品周期的缩短，顾客需求的快速变化、日益激烈的市场竞争成为企业加速新产品开发的直接动因；

在市场需求拉动与竞争推动的同时，加速新产品开发是企业赢得竞争优势和市场份额的有力武器。

①先入市场，赢得市场份额和顾客印象。加快开发速度，先行打入市场，可以先争取市场份额，并给顾客留下印象。如果再配套成功的营销策略、技术支持服务与可靠产品质量，企业便能够保持长久的竞争优势。但先入市场者不一定能够取胜。资金的投入、模仿者的跟踪、短时间内质量保证不够等，使得企业面临一定的先入风险。先入者有优势，但不容乐观。

②因新产品周期缩短赢得机会利润。20 世纪以来，新技术寿命周期每隔 20 年约缩短一半，40 年代为 20~25 年，80 年代为 6~10 年。新产品周期不断缩短，许多人还没有搞清 286、386、486 的差别的时候，奔腾系列已经登堂入室。因此，加速并尽快推出新产品能够为企业挣得因产品周期缩短可能损失的利润。另外，时间也有价值，节省了时间，也就节省了资金。有学者提出使用延迟成本（Cost of Delay）作为衡量机会利润的变量，是指企业某一项或多项产品延迟一天或一个月所损失的税前利润[61]。

③获得持续市场竞争优势。加速新产品开发，始终走在竞争者前列，能够保持企业持续市场竞争优势。

时间对新产品尤其重要，因此新产品开发的优势也是加速新产品开发的优势，而上述优势则是加速新产品开发，即基于时间竞争创新战略优势。

1.2.3 加速新产品开发的定义

由上述概念很容易得到加速新产品开发（ANPD）的定义，就是通过一定的技术方法、管理方式和知识结构来缩短新产品开发周期，并由此使得企业获取更强的竞争优势的过程。

新产品开发的界定是从创意的产生（或需求计划）到产品大

量生产前的整个过程，而加速新产品开发的任务就是寻求多样的途径，压缩局部的时间片或者协调整体研发流程来提高整个产品开发的速度，前提是不牺牲或少牺牲产品质量和产品成本。当然，不顾质量、成本及其他环境因素，一味地追求速度，并不是加速新产品开发的目标。

2 加速新产品开发的研究状况

本章重点描述了加速新产品开发的研究现状，其中包括基于时间竞争的国内外研究现状和新产品开发的国内外研究状况。并在此基础上，进一步描述了加速新产品开发的研究意义和研究内容。

2.1 加速新产品开发的研究现状

2.1.1 基于时间竞争的研究状况

（1）国外研究状况

①起源和讨论。G. Jr. Stalk 的《时间：下一个竞争优势资源》是一篇具有里程碑意义的经典文献，其因最先提出并使用基于时间竞争术语而获得了 1989 年的麦金利奖（McKinley Award）[23]。G. Jr. Stalk 与 T. M. Hout 在其合著《争分夺秒地竞争：基于时间竞争如何重造全球市场》中对基于时间竞争进行了全面深入的描述，并分别分析了它与商务、资金、顾客和创新的关系[22]。G. Jr. Stalk 与 Alan M. Webber[21] 的《日本的时间阴影》描述了基于时间竞争的潜在风险，与 C.F. von Braun[10,11,154] 的加速陷阱一起成为说明过度的基于时间竞争负面影响的经典文献。还有一些文

章[86,218]认为，仅仅依靠基于时间竞争还远远不足以使得企业在竞争中取胜。

②概述。Sin-Hoon Hum 和 Hoon-Hong Sim 从概念描述、管理内涵、案例应用研究、数学模型等几个方面综述了 1994 年前基于时间竞争的文献[81]。他们在文章里提到了 Daniels 和 Essaides 对于基于时间竞争战略企业（Time-Base Company）作了一个很好的普遍性描述：基于时间竞争战略企业有扁平的管理结构；能够进行快速而广泛的决策；充分利用信息技术；减少所有业务时间；降低成本；增加生产率；认为顾客比竞争者更重要；提供低成本的品种；提供宽广的产品系列；能够覆盖产业的每一个市场区划；快速响应；提高新产品推出频度；捕捉竞争者非防守区；快速实施新产品计划与创意；比竞争者有更新的产品供给；快速增加产品的功能；提供当前技术性最前端的产品。另外，Sin-Hoon Hum 和 Hoon-Hong Sim 还总结了关键管理内涵：需要实现全面组织的成本到时间的焦点转变；需要学会如何成为基于时间竞争者；需要认识到信息技术的重要性；需要认识到管理和组织战略的效果；需要认识到基于时间竞争是准时生产制的延伸与发展。他们总结的数学模型有三个方面：求解优化或最短时间、提前期与库存关系、安装时间减少与经济订货批量。Cecil Bozarth 和 Steve Chapman 在《面向制造商的基于时间竞争战略的权变观点》[12]一文中给出了制造业组织的基于时间竞争框架，并重点分析了订货设计（Engineer-To-Order，ETO）、订货生产（Make-To-Order，MTO）、订货装配（Assemble-To-Order，ATO）及库存生产（Make-To-Stock，MTS）等几种生产类型的基于时间竞争战略使用方法的差别。

③转化路线。Alberto De Toni 与 Antonella Meneghetti[1]在《基于时间竞争的常规与创新研究路线》一文中介绍了基于时间竞争的三种类型：产品基于时间竞争、加工基于时间竞争、产品和加

工基于时间竞争，提出了传统企业向基于时间竞争转化的两种路线：传统路线、创新路线，描绘了基于时间竞争与基于成本竞争（Cost-Based Competition）的市场敏感性矩阵，指出表征外部时间变量包括新产品推出频度（Frequency of Introducing，FI）、交付时间（Delivery Time，DT），表征内部时间变量包括采购、制造、分销等提前期（Lead Time，LT）、市场反应时间（Time-To-Market，TTM，又译为上市时间）。

④方法。Khim Ling Sim 和 Anthony P. Curatola[40]阐述了基于时间竞争的实现工具，包括：全面质量管理工具中的质量功能展开和 Taguchi 方法、准时生产制生产系统和强有力的工作团队，并通过 83 家电子生产企业的调查发现，使用上述方法的企业能够获得更多的市场份额，并能够减少制造和抵押成本。也说明全面质量管理和有力的团队是减少产品开发时间的实效技术，全面质量管理和准时生产制是减少制造提前期的实效工具。

⑤方向。Christopher Meyer[13]在《速度的第二代》中按照先后顺序将基于时间竞争战略划分为两个阶段：第一阶段基于时间竞争（The first generation of TBC）是压缩工作流程中非必需的时间，使得组织变得更加轻便、浓缩和灵活，例如：减少批量、“拉动（Pull）”的哲理、并行工程、计算机辅助设计等，这是基于时间竞争的最低要求，是直线性的。基于时间竞争第二阶段就是快速决策，这与第一阶段有着本质差别，是非理性的和曲线性的，快速决策依据顾客的需求和对将来的远见。Sun 微系统和 Cisco 系统在设计和市场方面是顶尖的，将其转包给制造商是因为对“明天加速”的追求。

⑥角度。John D. Kasarda[31]从“产业选址”出发指出“航空业务”将成为新的商业焦点，机场是产业选址的磁石。John D. Kasarda 介绍了基于时间竞争的优势和重要性，“21 世纪是供应链与供应链之间的速度竞争”；介绍了产业选址的 5 次波动：从海

港到河流、运河，到铁路，到公路，再到机场。Richard T. Hise[70]论述了国际物流方面的基于时间竞争，在介绍基于时间竞争概念和优势的基础上，阐述了国际物流的重要性，并提出了加强基础物流管理基于时间竞争程序的 7 个原则及 14 条增强基于时间竞争效果的措施。Nick Rich 和 Peter Hines[53]研究了供应链时间压缩结构中供应商联合的任务；概括了影响企业响应不确定的顾客需求和市场变化的方式的多种要素；研究强调，供应伙伴和其他资源分配需要一个系统的、结构的和基于时间的方法来增强竞争优势；阐述了一个并行的网络资源模型，尽管其不是一个万能钥匙，也不是一个采购商和供应商之间单个活动的替换，但能够提供更大的潜在利益空间。Ludwig Bstieler[43]基于 182 个已完成项目的组合样本，研究面向市场项目的环境对时间效率的影响程度及技术不确定性对开发过程、项目组织和时间效率之间关系的缓和作用。

（2）国内研究状况

国内见于期刊的明确的关于基于时间竞争论述的文章有翟丽[145]的《新产品开发的时间战略》、谢立伯[135]的《时间创造竞争优势》、杨宏为等[139]的《浅析竞争中的时间要素》（中国期刊网）、王倩与俞安平[126]的《基于时间的新产品开发战略》、王颖等[129]的《准时生产制（JIT）与抢时竞争（TBC）》，这几篇文章可以视为基于时间竞争概念的引入，首先介绍基于时间竞争概念，然后分类（战略、创新、制造、销售等）逐一阐述。从 Internet 上得知的复旦物流中心 99 届硕士研究生曾宪文的硕士论文[235]《时间竞争与缩短配送的订货周期策略研究》，可以看做是基于时间营销的文献。还有一篇《基于时间的房地产新竞争》[236]，阐述了房产业基于时间竞争的必要性和主要方式。中国台湾的 Yao Huang Tseng[89]研究了“设计—制造”之间的联合作用与新产品开发时间绩效之间的关系。另外，吕涛和王震声[113]的《加速创新研究》、胡树华[178]

在《产品创新》中的速度战略和产品创新、葛玲英[96]的《新产品开发：如何对市场反应更敏捷》、陈守明[92]的《速度制胜：新时代企业的竞争主题》、钟廷修[149]的《快速响应工程和快速产品设计策略》、陈国权和陈世敏[91]的《新产品开发中组织、加速方法和环境因素的系统研究》等也可视为与基于时间竞争的相关文献。

2.1.2 新产品开发研究状况

新产品开发的其他表达有产品创新管理、新产品管理、产品计划、研究与开发等[153]，新产品开发与创新、研发等概念关系紧密，甚至有时只是说法的不同，一般学者对此不作严格区分。从这种意义上讲，国内外关于新产品开发的研究文献就非常丰富，大的方面有产品创新、产品管理、产品开发、研究开发等，具体的就是企业的新产品开发。文献形式有论著，也有论文，下面将进行分类简介。

（1）产品创新

产品创新是现代企业发展的焦点，经济合作与发展组织（OECD）对产品创新的界定是："为用户提供新的或更好的服务而发生的产品技术变化。"浙江大学许庆瑞教授认为，凡是技术创新活动引向开发新产品的，称之为产品创新；清华大学傅家骤教授认为，产品创新的目的是得到新的或有某种改进、改善的产品，包括工业设备。国内图书文献有《技术创新管理》[204]（许庆瑞，1990）、《技术创新学》[177]（傅家骥，1998）、《后发优势——模仿创新的理论与实证研究》[193]（施培公，1999）、《产品创新管理——产品开发设计的功能成本分析》[178]（胡树华，2000）、《研究、发展与技术创新管理》[205]（许庆瑞，2000）等。在中国期刊网上还可以了解到近年来有关创新的研究。胡树华先生在1999

年从新产品战略和评价理论、新产品成败、产品开发绩效、创新组织理论和产品设计功能成本等五个方面概述了国外产品管理研究，并介绍了我国学者20世纪80年代以来的相关工作，提供了比较丰富的文献[100]。中国矿业大学的吕涛、王震声先生综述了国内外产品创新研究和加速新产品开发研究[113]，并进行了产品创新领先企业竞争优势研究[112]。

（2）研究与开发

对知识或研究对象进行探求、观察、实验、整理、分析并使之系统化，从而导致新知识产生，旧知识丰富、充实和完善，利用科学知识研制新产品、新工艺，开发新资源或对原产品改进、拓宽利用原有资源的社会性活动，称之为研究与开发[181]。它包括科研单位的科研活动，企业的产品与工艺的开发活动，利用新科学综合开发地区资源及解决社会问题的研究活动。激烈竞争的市场经济环境，使得研究机构与企业联系变得更加灵活和自觉，而且许多大型企业和跨国型集团公司都有自己的研究机构和部门，还有许多企业与高校联合研发。这方面著作研究有《研究与开发的生产率》[201]（休斯公司，1981）、《研究与开发管理》[181]（金良浚，1989）、《研究与开发战略》[209]（张仁侠，1998）、《创新之战》[154]（Christoph-Friedrich von Braun，1999）等。

（3）产品管理

产品管理包括新产品的开发与管理，从《产品管理》[198]（唐纳德·R. 莱曼，拉塞尔·S. 温纳，1998）和《成功的产品管理》[195]（斯蒂芬·莫尔斯，1998）两部国外研究资料及国内的《产品管理》[179]（黄静，2001）可以看出，产品管理更加强调企业对现有产品的管理，重点在分析产品经理的职能以及市场营销。

（4）产品开发

从新产品的广义定义上讲，产品开发也是新产品开发，著作文献多是围绕新产品开发流程的。《产品开发可行性论证指南——

研究分析与实施管理》[196]（孙巩、郭垂元等，1987）研究了产品开发的可行性，内容包括产品可行性概述（产品可行性研究目的、作用、内容和步骤）及产品开发多方面可行性（经济、技术、财务、项目），并提供了产品可行性案例；《工业企业的新产品开发》[187]（罗时凡，1988）阐述了工业企业开发新产品的全过程，包括新产品开发决策、计划、科学研究、设计、试制、试销、市场开发及技术经济评价等，并分别说明了开发新产品的各种原则、战略、策略和方法的运用；《管理新产品：创新的力量》[165]（Thomas D. Kuczmarski，1992）内容有一般概念性的介绍、新产品开发战略、管理新产品开发过程、新产品组织结构、将奖酬和激励、将来创新等，是一部比较有代表性的关于新产品开发的著作；《新产品开发之谋略》[180]（黄良辅）详细描述了产品概念及产品生命周期理论，阐述了产品构思和设计、国内外产品开发趋势和策略、产品开发的技术经济问题、老产品的改造和换型以及新产品开发的程序和市场营销等；《市场开拓与新产品开发效益》[175]（丁予展、吴少平，1992）从理论与方法探索、实务与实例分析、全国新产品开发委员会最新动态规划与协作联系网络等几个方面进行了分散小题阐述；《新产品开发》[207]（叶锡琳，1992）阐述了新产品开发的概念，新产品开发的指导思想、原则和方向，新产品开发方法与策略及新产品开发程序和可行性研究，主要以航天新产品开发为案例；《新产品开发指南》[192]（盛水源，1994）阐述了开发新产品的紧迫性：国内外市场变化、产品生命周期的缩短、市场需求的变化、"复关"对策，主要内容包括新产品设计、生产和质量保证体系；《新产品管理》[153]（C. Merle Crawford，1997）是一部比较系统介绍新产品开发流程内容体系的英文影印版 MBA 专业教材，先介绍新产品开发的一般概念，接下来是创意生成→开发前评估→开发与设计→市场（营销），内容翔实；《新产品开发》[186]（罗伯特·J. 托马斯，1998）开篇回答了"为什么要进行产品开发"的问题，分析了新产品的环境分析和组织准备（组织）、阐述了新产品开发的过程与决策（管理）、新产品的市场预测和财务控制（预测和控制）以及产品试销和投放（实施）等；《新产品开发系统》[183]（李百吉，1998）从系统论的角度对新产品开发（工业企业 R&D）进行研究，分为理论篇和应用篇，上篇为具体分析我国工业企业 R&D 活动提供了一个理论框架，下篇分析了我国工业企业 R&D 系统的输入结构、要素结构、输出结构和创新功能；《新产品开发》[160]（MBA 必修核心课程编译组，2000）是一部国内研究者编译的 MBA 系列教材之一，体系结构与文献类似，分篇分章以产品开发流程为线索，从产品创新谈起，全面介绍新产品开发的内容，包括新产品开发概述（导论）、新产品开发战略和组织、构思—评估/测试—市场营销；《新产品开发与实例》[212]（周树清，2000）内容包括新产品开发概述、新产品开发评估、新产品开发营销，并辅以新产品策划、营销点子与实例、新产品营销技巧的图表说明、开发能赚钱的新产品（销售角度）方法；《产品设计与开发》[159]（Karl T. Urich，Steven D. Eppinger，2001）来自工程和工业设计领域的"产品开发"课程讲义，其特色是理论方法与具体项目实践相结合，内容包括产品开发流程组织、顾客需求识别、概念生成与选择、工业和工艺设计、产品开发项目管理与分析等，其中在产品开发项目管理中阐述了加速新产品开发项目进程的准则；《科技发明与新产品开发》[208]（叶云岳，2000）重点了阐述科技发明相关内容（基础、演进、技法、过程、转化）及科技成果和新产品保护，从中可以看出科技发明与新产品开发的重要关系；《虚拟产品开发技术》[194]（施普尔·克劳舍，2000）一书详尽地叙述了产品开发过程的巨大变革，从产品生命周期的定义出发介绍了建立数字化模型的基础理论知识，从系统学、方法学角度论述了虚拟产品开发过程建模及系统实现，并介绍了专用系统的实施和评价。《新产品开发与设计实务》[146]（张同，2000）介绍了现代新产品的意义、新产品与企业地位的关系、新产品的多角度、多层次的构思及产品设计的评价，阐述产品设计的不同方法、产品设计模型的表达和新产品开发报告书的编写，使用许多精美直观的图片说明是该书的一大特色；《新产品开发设计与统计技术》[133]（肖诗唐等，2001）从产品质量角度出发介绍新产品开发设计的不同方法，例如市场分析方法、质量功能展开（QFD）、质量损失函数、正交试验设计、三次设计法及可靠性设计概念（Failure Mode Effect Analysis，FMEA）等，该书是对国际ISO9000标准的积极响应。《新产品概念开发》[206]（杨德林，2006）结合中国机电企业新产品概念开发状况调查，系统地研究了新产品概念开发的内涵、意义、因素和方法，重点分析和研究了QFD方法并进行了改进。《产品开发与卖点设计》[210]（赵光忠，2005）强调新产品开发应该与卖点设计结合起来，内容包括设计卖点的寻求、展示、战略规划、焦点定位和合理评价等。《新产品开发》[190]（任君卿等，2005）从新产品开发的概念、市场、战略、组织、规划与评价、应用等方面对新产品开发进行了比较详细的分析与阐述。

国外新产品开发论文文献很多，例如综述、评估、模拟、界面、集成、平台、知识管理、顾客参与、信息获取等。

①综述。Shona L. Brown，Kathleen M. Elsenhardt[80]将文献研究归于三个领域：合理性计划、通信网络和训练有素地解决问题；新产品开发成功的因素；进一步研究的方向：开发过程效果、产品成功的概念、产品工作组织类型、战略管理以及供应商/顾客的参与。

②评估。Jr. Robert W. Veryzer[38]通过对8个不连续产品开发项目的深入研究，得出影响不连续新产品开发流程的关键因素和相应企业使用的评估根本性新产品的方法，并从中开发了一个描述性的根本性新产品开发流程的模型。Muammer Ozer[51]在评

估过程方面提供了一个比较全面的评估模型回顾及相应的影响因素，并概括了其他企业使用的新颖方法。Kit Fai Pun 和 Kwai Sang Chin[41]认为，新产品开发对组织生存、成长和发展非常关键，评估新产品开发绩效能够帮助企业认识自身的长处和不足，并从战略上获取竞争优势。评估系统的在线方法适合用户评估组织新产品的开发绩效。他们回顾了新产品开发绩效的决定因素，阐释了一个新产品开发绩效评估在线应用系统的设计。

③模拟。Minna Forssén Nyberg 和 Jussi Hakamǎki[47]介绍了一种交互式、参与的开发方法，称之为“模拟游戏”，可适用于产品开发过程的不同阶段。首先，它帮助企业识别组织和业务流程当中的技术问题和非技术问题；其次，模拟游戏可以用于测试和评估业务流程中的需求变化。他们描述了构建和实现模拟游戏的过程，包括打印室和滚轧车间两个案例。Rosanna Garcia[78]讨论了代理模型（Agent-Based Models，ABM）在创新和新产品开发过程的运用，该模拟模型常用于其他社会科学，以表现动态适应性系统的个人行为和集体行为。Rosanna Garcia 介绍了基于代理模型的方法及其对创新及新产品开发研究者的可能用途，并解释了这种方法的建模动态系统的优点和问题。Z.Ayag[90]结合 AHP 技术，应用综合模拟模型来评估概念设计可选指标，该模拟分析可以帮助决策者（产品工程师或管理人员）用来自真实模拟系统的数据进行 AHP 高分可选指标的经济性分析。最后，将结果用于收益/成本分析，以帮助概念设计可选指标的最后决策。

④集成。Rajesh Nellore 和 R. Balachandra[67]深入研究了一个欧洲汽车企业和三个面向欧洲的第一轮胎供应商的案例，以及集成产品开发（IPD）项目的内部管理及外部管理。数据表明，有五个影响 IPD 项目成功的关键因素：企业商标和形象设计、顾客需求或说明的理解、开发过程中的供应商参与、项目管理和采购。

⑤界面。Niklas Sundgren[54]介绍和探究了新产品平台开发的界面管理（IM）概念，并从对瑞典制造业历时三年的两个产品族开发项目 IM 概念的探究中指出，具有拓展 IM 过程的产品族开发方法的企业喜欢高度自由，以决定如何平衡有效地使用全部产品设计相似性的单一产品系列的市场响应时间。而且，如果产品经理理解并明确地集中在 IM 过程，则将单一产品开发方法向产品族开发方法的转移会变得轻松。

⑥平台。Mohan V. Tatikonda[49]研究调查了产品族谱中不同定位产品开发项目的项目特征、开发挑战、典型收益和成功因素。“平台”项目产生一些产品能够为企业创建一个新的产品族平台。“衍生”项目产生的产品是现有产品族平台的拓展。对108个不同装配产品企业进行数据收集并进行详细的调查和分析，结果发现：第一，平台和衍生项目的项目任务特征（包括新技术开发任务的数量和项目的复杂性）与市场新颖度存在差异；第二，平台和衍生项目在项目成功方面（项目目标的实现、企业满意水平和可感知的顾客满意度）是一样的，项目执行也很畅通；第三，平台和衍生产品在执行方法上也具有相似性；第四，某些管理方法（包括权变计划、面向项目的人事评估、设计、加工和制造的并行）会促进两种类型产品的成功；第五，相互依赖的技术和异常项目目标的使用会导致平台项目执行的失败。建议对于平台和衍生项目，企业能够继续运用单个产品开发管理流程，并为现有项目类型作适度的流程定制。

⑦知识管理。Janet Y. Murray 和 Mike C.H. Chao[34]从跨国公司新产品开发知识管理的重要性出发，设计一个概念模型来研究交叉团队的知识获取情况。模型说明尽管获取必要的新产品开发知识很重要，管理者必须重视培养新产品项目团队的消化吸收能力，将可获得的知识资源转化为影响新产品开发市场绩效的新产品开发能力。J. Daniel Sherman 等学者[32]调查了“研发—市场”

集成及其他来自组织学习和知识管理文献的变量，调查结果表明“研发—市场”集成和知识管理变量（记录、提取、查询）组合的效果，同时其与产品原型、开发经验、产品推出经验、技术核心能力和设计变化频度等反映新产品开发绩效的独立变量相关性很强。Kyriakos Kyriakopoulos 和 Ko de Ruyter[42]认为，尽管企业不断增加系统投资，用于在新产品开发过程中存储知识和获取市场信息，却很少会从这些投资中受益。为了揭示问题，他们建议企业依靠两个截然不同的知识存储方式，即日常程序性和事实性存储，它们可以影响新产品短期财务绩效和创造性。另外，他们还建议内外信息流能够对存储方式有适当作用。对新产品活动的经验研究表明，日常程序性存储和产品成果间呈倒 U 形关系，事实性存储和财务绩效间也存在正向关系。

⑧顾客参与。Joseph M.Bonner 和 Orville C. Walker[37]研究了新产品输入最有影响力的 B2B 客户（包括现有的和潜在的）如何影响新产品优势。相关文献研究说明，新产品组织的密切、嵌入关系客户（如企业的最大客户及参与以前合作项目的客户）有利于高端产品的开发。相反，创新方面的文献说明，企业可能会与少创新、低性能产品的大型、嵌入顾客的关系密切。他们还考察了最有影响力客户知识的多样性（对产品信息了解程度）与新产品优势之间的关系。Robert W.Veryzer 和 Brigitte Borja de Mozota[75]研究了顾客与新产品开发的基本关系，包括面向顾客设计能够加强合作性的新产品开发过程（面向过程），改善创意生成（面向过程），有利于生产高端产品和服务解决方案，推动产品适宜性和可采用性（面向产品）等。这些基本关系清晰地说明了面向顾客设计对新产品开发的影响，并形成了产品设计和开发的概念框架。

⑨信息获取。Preston G. Smith[64]通过对产品开发管理人员、技术专家、政府官员等 1000 多人的调查指出，个人阅读量较大的期刊有：Harvard Business Review，Journal of Product Innovation

Management, Machine Design, Design News, Wall Street Journal, Project Management Journal, Fast Company, Business Week, Mechanical Engineering, Research -Technology Management 等；且 Smith 还了解到，一些从业人员因为很忙而无暇顾及平面信息，经常通过网络获取信息。Gregg Tong 和 Preston G. Smith[28] 调查了产品开发者如何使用 Internet，调查发现五个最常用的搜索引擎为：www.ManagementRoundtable.com, www.newproductdynamics.com, www.pdma.org, www.ieee.org, www.pmi.org。还有产品开发论坛（www.npd -solutions.com/pdforum.html），订阅服务（www.pdbpr.com），在线期刊（www.manufacturing.net/magazine/dn, www.east.elsevier.com, www.cio.com, www.information week.com）。国内的中国研发管理网（www.chinardm.com）专注于产品创新与研发管理领域，面向企业研发部门与科研机构的管理层，发布和交流关于研发战略、创新管理、研发的组织、布局、团队管理、研发的流程与项目管理等话题，可供研究者和企业参考。我爱研发网（www.52rd.com）隶属于上海市研鼎信息技术有限公司，致力于为研发人员提供丰富的网上研发资源，以研发工程师适合的形式和熟悉的语言传递市场、产品信息和技术情报，为研发人员提供并分析最新行业咨询和技术趋势。

⑩其他。Gerard A. Athaide 和 Rodney L. Stump[27] 调查研究了面向技术的工业市场的关系管理，结果表明企业所采用的两种主要的关系方法——双边和单边产品开发过程。Roberto Verganti[76] 调查了意大利和瑞典分布于车辆、直升机和白色商品业的 18 家企业早期的开发工作。调查表明期望和反应没有得到很好的考虑，但有四种可能的方法可以用来管理早期阶段（详细的、选择性的、全面的和延迟的），其期望和反应有不同的平衡。Petri Suomala[58] 研究了生命周期思想与新产品开发绩效管理的关系。生命周期思想通过灵活的框架帮助企业构造新产品开发的绩效管

理，这个框架很可能减少新产品开发绩效管理的时间。Robert T. Keller[74]利用新产品开发基于资源模型的假设预测五年后商业方面的收益性和市场响应方面的成功性，样本来自四个不同产业公司的117种新产品。结果发现，市场能力是对收益性最好的预报器，技术能力和领导能力也是重要的预报器。领导能力是对市场响应速度唯一重要的预报器。Donald Gerwin[18]设计了一个关于战略联盟的联合新产品开发项目的协同理论，该理论指明，需求和实际间的协同差距会导致绩效问题。关于这些差距的评估将产生在相应协同下定义的条件：联盟比单个企业更容易完成相同项目。Ulrike de Brentani 和 Elko J. Kleinschmidt[87]认为，企业的组织文化和管理承诺体现着企业软件要素的动态环境，并分析了影响国际化新产品开发效果的因素，目的是了解和识别其特定结构及其与国际化新产品开发项目之间的关系。他们通过252个国际化新产品开发项目的经验结果识别了三个关键维度：企业创新/全球化文化、新产品开发项目资源充足的允诺、高层管理者参与，对应“积极平衡、不干涉方法、无预算、高度创新”四种企业群，低绩效企业只关注其中一个关键维度，有时是两个；而执行最好的企业对国际化新产品开发采用积极平衡的方法，它们同时强烈支持这三个行为环境维度。Mats Engwall 等学者[45]综合了产品开发管理模型的应用，通过深入访问两个产品开发组织的22名中层管理人员，发现并对比了创意项目、项目管理、模型应用三个方面在五个概念上的不同，这五个概念分别是管理、组织、认识、团队建设和工程，并强调了通信在研发模型中的重要作用。Jimme A. Keizer 等人[35]描述了用于诊断技术突破项目风险的风险参考框架（Risk Reference Framework，RRF）的开发。与现存的风险识别方法相比，该框架集中于整体方面和正在进行项目的风险评估，有12个主要风险类别和142个相关的关键创新问题，主要是针对快速移动的消费品产业的全球运作企业开发的，创新突破项目的成功性因风险评估而得到了改善。Nadia Bhuiyan 等学者[52]揭示了新产品开发过程的关键要素与新产品开发绩效之间的关系，并推荐了一些提高绩效的设计方法。通过使用一个随机计算机模型，检查了不确定性条件下重叠（任务的部分或全部平行执行）和功能交互（不同功能间的信息共享）的关键要素如何影响开发时间和努力的绩效测度。结果表明，第一，增加功能交互最终会导致开发时间和努力的平衡；第二，没有功能交互的增加重叠的“模糊早开始”方法甚至不如“扔过墙（Over-the-Wall）”式的方法；第三，当一些功能交互存在时，增加重叠在低不确定情况下是有利的，而在高不确定情况下是有害的；第四，并行工程适用于低不确定性的情况，不同于“扔过墙”的串行工程适用于高不确定性的情况；第五，有奉献精神的团队适合高不确定性的情况。

国内有关新产品开发研究的论文文献也较多，除了前面明确的时间或速度角度的研究外，大致可以分为以下几类：

①评价、决策分析。如朱振中[151]的《新产品开发的模糊分析》；谢富纪[134]的《新产品开发的过滤模式》；王洁、白向东[123]的《新产品开发的分析评价法》；王静、李华[124]的《基于模糊逻辑推理的新产品开发方案决策方法》；俞国燕等[143]的《多神经网络技术在新产品开发决策中的应用研究》；牛芳[116]的《新产品开发决策的评价体系分析》；万福才[122]等的《相关新产品的组合投入模型》；彭运芳[117]的《新产品开发的层次分析模型》；许锋等[136]的《制造业中新产品开发决策系统的研究》。

②前期阶段分析。如高金玉与宋晓云[94]的《新产品开发中的模糊前端（FFE）：概念、特征及其管理》；杨德林与陈耀刚[138]的《关于新产品创意的若干问题分析》。

③应用技术分析。如于松章等[142]的《基于RRE/RP/RT技术的产品快速开发集成制造系统》；郭刚等[98]的《数字化时代的产品

开发支持系统建设》；李斌[102]的《虚拟技术在新产品开发中的应用》；尚志武等[120]的《集成 QFD、VE、TRIZ 的新产品开发系统 QVTS 研究》；李岳凡与陈锋[105]的《反求工程技术在新产品开发中的应用》。

④战略性分析。如曾一军[144]的《跨国公司在华新产品开发策略与中国企业的对策》；王毅、范保群[128]的《新产品开发中的动态平台战略》；王雪华等[127]的《新产品研发流程再造的设想》；娄策群、高鹏[110]的《论企业新产品开发与企业 R&D 活动的关系》。

⑤数据信息分析。如刘春年、戈国莲[107]的《基于新产品开发的数据分析中心构建》；戈国莲、刘春年[95]的《新产品开发与市场信息驱动关联度分析》；李冬琴、黄晓春[103]的《论新产品开发中的信息粘滞》；郭斌等[97]的《新产品开发过程中的知识管理》。

⑥风险分析。如周秀丽、王旭[150]的《新产品开发风险评价与决策方法研究》；许锋[137]的《制造业新产品开发风险评价及其防范》。

⑦其他。如罗雯、何佳讯[115]的《关系范式下新产品开发模式的变革》；杨秀蓉[140]的《基于互联网交互性的新产品开发实证研究》；廖冰、聂建良[106]的《新产品开发团队建设与管理》；李吉栋[104]的《新产品开发网络计划的编制》，等等。另外，本书提到的所有关于加速新产品开发的文献都属于新产品开发的研究范畴。

2.1.3 加速新产品开发研究状况

从国外资料看，加速新产品开发的研究大多与加速创新和基于时间竞争相关。新产品开发是加速新产品开发的内容基础，加速新产品开发是新产品开发的一种战略选择，即速度优势。加速新产品开发的研究属于新产品开发研究，但新产品开发的研究范围比加速新产品开发的研究范围宽广得多，如基于质量和基于成本的新产品开发研究。加速新产品开发的成功也是新产品开发的成功，所以，新产品开发的成功需要以速度为中心，无论是领先战略还是跟随战略。

前面所述的基于时间竞争的国内研究状况基本包括了国内的加速新产品开发的研究状况，这也是本书研究的关键目的和意义之一。从所收集到的关于加速新产品开发的国外资料来看，可以分为以下几类：

（1）加速新产品开发的成功因素

Preston G. Smith[60]认为，影响产品开发速度的因素有：高层管理参与、强有力的团队、频繁的通信、有限产品目标、组合产品规范、模型构建、项目负载、设计外时间。快速产品开发的元素（Elements）有：时间价值的敏感性、快速开发的产品结构、快速决策的团队设计、压缩时间技术、流水型管理技术、新模式（New Model）的有效传递。Ashok K. Gupta[5]根据美国技术成功企业的 110 项新产品开发的生命周期数据得出缩短周期的关键措施：广泛的顾客参与、有效的团队管理、广泛的供应商参与、有效的设计原理（Philosophy）和实践、组织学习效力。J. L. Bower 和 T. M. Hout[33]指出快速周期的角色有两个方面：一种是组织能力，与员工态度、生产系统相融洽的管理层面；另一种是管理典范，获取真正竞争优势的思维方式。快速周期企业运行的要素有：按照多功能组织团队的方式组织工作；全程周期追踪；检查周期，建立标准；开发追踪增值活动的信息系统；按照计时方式进行员工管理；合理配置人员以加速学习；灵活的平衡。Robert G. Cooper[71]调查了四个国家 103 个新产品开发项目，集中于缩短周期及利益驱动的研究，认为成功有下列因素：真正的交叉功能团队、承担开发前的预备工作、强有力的市场定位，倾听顾客之声（Voice of Customer，VOC）、精湛的技术、明确的产品规范、市场引力目标、执行高效的新产品推出。同时，Cooper 还纠正了

"先入市场者赢"、"速度等于利润"等极端的观点，速度意味着快速反应、少出意外。Meyer 和 Purser[8]推荐六个关键步骤以缩短产品开发周期：认识到终端顾客产品增值的内容；全面组织到能够进行终端顾客增值的活动，并取缔任何无关活动；采用交叉功能团队扁平化组织结构，使企业更加灵活；追踪产品开发和过程开发以校验能够形成被提议设计的产品；设置减少周期50%的时间目标，公开通信程序；营造一个刺激和奖励不断学习和提高的环境。Ali E.Akgün 等人[2]调查研究发现，过程经验、档案整理、项目最终期限、信息编码、团队常规通信是中小企业（Small and Medium-scaled Enterprises，SME）快速而成功开发新产品的五个关键因素。他们认为，其他模型和方法可能更适合于大型企业。

（2）加速新产品开发的实现方法

新产品开发的内容包括战略、组织以及流程的安排等，因此，新产品开发的时间压缩可以从以上角度考虑。一是新产品开发流程中不同阶段，哪些阶段有空隙可压（如模糊前端[56]），采用哪些管理思想技术（如质量功能展开、并行工程等），采用哪些流程模型（如阶—门模型[73]）；二是组织，新产品开发团队的组织形式对时间压缩有很大影响（如功能交叉团队[85]）；三是辅助，计算机技术无疑是加速新产品开发的有力工具（如网络信息共享、快速设计[46,240]和决策支持系统等）。在新产品过程中，广泛的顾客参与、供应商的支持、新产品项目之间知识的传递也是加速新产品开发的重要因素[5]。波施集团波施电信企业部门德国特勒洛玛（Telónorma）公司的专家小组成功地在4个月的时间内，开发出以不同的连接方式与欧共体国家公共网络连接的低成本长途电话装置。这个成功的项目比预期的成本低32%；在考虑运输成本和关税的情况下，生产成本所达到的值与日本同等的效率和质量相比更有利，要求的投资低，回收资本时间非常短。他们采用的措施[192]有：组织精干的开发小组、制订周密的计划、产品设计和产品开发分开、通过最佳化取得优势。由加速新产品开发成功因素可以得出，实现加速新产品开发的常规方法有：合理的开发流程控制、组织上的并行工程、技术上的快速成型、广泛的信息技术应用、相应的全面质量管理理论以及准时生产制理论的部分工具。JR. Milton D. Rosenau[158]认为，合理的新产品开发项目应该是通过回避风险赢得大量合理的回报，并且获得回报的速度一定要快。其提供的加速方法是考察新产品开发的整个流程，分析新产品开发前期、新产品开发的设计与生产以及产品销售各个阶段，并提出相应的改进方法。

（3）加速新产品开发的风险和均衡

在产品创新过程中，追求速度与追求成功率之间存在矛盾[178]。C. F. von Braun[10,11]提出了“加速陷阱”概念来描述因 R&D 经费投入得不到回报而走向困境的企业的尴尬。G. Jr. Stalk[21]最先看到时间的力量，但也听到了日本的时间灰边之说。Denis Lambert 和 Stanley F. Slater[15]对常规的新产品开发绩效的三个基本原则——快速开发周期、先入市场（First-to-Market）、可预见性计划——提出了疑问，他们由资料数据发现使用上述原则并非能够成功，而且“第一”还不如“第二”、“第三”等；还有一些企业故意延长产品周期；计划准确性与业务结果没有必然联系。Denis Lambert 和 Stanley F. Slate 在资料研究基础上将上述传统三原则改为聚焦市场的指导原则：有效的市场引入时间、心灵市场占有率第一（First-to-Mindshare）、管理上的响应（Managed Responsiveness）。Preston G. Smith[62]强调风险管理不仅是 R&D 部门的责任，需要全面考虑产品开发的问题，强调风险管理不能事后处理，应该抢先预防，并指出有效的风险管理有两个原则：①在每一个项目开发时启动；②很好地超越技术范围以捕捉任何影响项目成功的因素。基于时间竞争或加速新产品开发中的必然风险使得时间、成本和质量的战略要素均衡的研究成为基于时间竞争和加速新产品开发的一个重要研究内容。

关于时间、成本和质量的战略要素均衡的研究，多限于两个战略要素之间，即在质量不变的情况下，权衡开发时间和成本之间的关系；在开发时间不变的情况下，权衡开发质量和成本之间的关系。Barry L. Bayus[7]通过建立数学模型来讨论产品开发时间和产品成本之间关系；同时也考虑了市场反应时间和产品性能。复旦大学郑绍濂教授等[148]提出了新产品开发的最优战略均衡模型，该模型借鉴了科恩等人的最优控制建模思想，针对其模型中存在的问题作了改进和拓展，把开发时间、开发成本、产品质量和单位产品成本四个开发战略因素放在同一个最优系统中求解最优控制问题。Preston G. Smith[60]通过建立相应模型计算时间价值，然后进行与其他变量（开发延迟、产品成本、产品性能和开发费用）的均衡。国内吕涛、王震声[111]的《新产品开发的速度问题》也阐述了关于时间与其他变量的均衡。

（4）综合性著作

在加速新产品开发方面，有些学者的研究成果值得关注。Robert G. Cooper[163]在其《新产品的成功：加速从创意到推出的过程（直译）》中强调了取得新产品开发成功的两种方式：一是把项目做正确——听取顾客意见，做好必要的前期准备工作；二是做正确的项目——进行严格的项目筛选和组合管理。该书第三版内容包括新产品问题与缺陷、关键成功因素及新产品开发不同阶段的分析，核心内容是他的发明——阶—门模型。文[163]译著为原著的第三版，与以前的区别体现在四个主导问题：一是严格的项目筛选；二是电子商务对新产品开发的影响；三是更快的速度；四是流程前期阶段。另外两个学者 Preston G. Smith 和Donald G. Reinertsen 对加速新产品开发研究也非常深入。译著[161]《事半功倍开发新产品：新法则，新工具》是原著的第二版（原著第一版见文献[164]），作者比以前更加强调经济分析、加速开发流程所需要的使用工具，拓宽和优化了渐进式创新、产品技术规范和风险管理主题，并阐明组合使用工具的其他优势。

2.2 加速新产品开发的研究意义和内容

2.2.1 加速新产品开发的研究意义

面对当今严峻的现实和市场环境，企业的生存发展只能寄希望于两个方面：一是通过向社会提供质量性能更好、价格更低的产品，争夺有限的现有需求空间；二是开发全新的产品和消费理念，开辟和占领新的需求空间。谁在这两方面先行一步，谁就可能在激烈的竞争中领先，否则难逃失败破产的命运[193]。前者是基于成本和质量的竞争，在今天仍然有生命力，比如价格战；而后者是决定性战略，因为集中在制造等领域的成本和质量的竞争空间基本饱和，在实现预期成本限额和加工质量的同时，新产品开发的竞争空间是无限的，而且领先者将因不断拥有更多的新空间而持续获胜。国内企业的问题和市场环境说明加速新产品开发的重要性和紧迫性，进行新产品开发速度战略的研究，具有以下积极意义：

（1）积极借鉴发达国家先进的管理思想和方法

改革开放以来，我国就注意积极引进国外先进技术和设施，积极借鉴发达国家先进的管理思想和方法。从机械加工到包装运输，从大型设备和配套技术到高新硬软件配置，从生产技术到管理思想，各个行业都非常重视“拿来主义”，以提高企业生产能力和生产效率。计算机技术和信息网络技术的发展使人们意识到管理思想的重要性，企业信息化成为当今企业普遍的手段，许多企业通过实施国外软件来摸索和学习国外发达的管理思想。

日本、美国以及欧洲发达国家持续的经济发展说明其企业管理思想和方法的合理性、有效性和先进性，在不同的历史阶段出现过不同的技术方法和相应管理思想，生产方面如福特（Ford）公司的流水线、并行工程、成组技术、看板管理、准时生产制、精细生产等；计算机辅助企业管理方面如物料需求计划（MRP）、资源需求计划（MRPⅡ）、企业资源计划（ERP）及小型的应用MIS系统（包括办公自动化、财务、进销存、企业资产等）；计算机辅助企业设计和加工方面如CAX（包括CAD、CAPP、CAM、CAE等）、快速成型（Rapid Prototype，RP）、虚拟制造（Virtual Manufacturing，VM）、产品数据管理（Product Data Management，PDM）等；组织文化方面如学习组织理论、系统组织理论、权变管理思想等。

因为有一段从计划经济到市场经济转化的特殊时期，使得我国新产品开发停留在小范围内，没有意识到国外轰轰烈烈的基于时间的竞争。体制的转换、市场的变化、科技产业的发展改变了顾客的消费意识，也改变的企业的运作行为和管理思想。因为统分统筹，过去我们只管生产，不管销售，所以我们拿来的是能够提高劳动生产率的生产技术。现在，走进国际市场，借鉴国外的创新思想和速度制胜战略，更有利于我国企业的生存和发展。

（2）提高国内企业的国际市场竞争力

进行基于时间竞争战略的研究对提高我国企业整体竞争优势的贡献是显而易见的。我国加入世界贸易组织（WTO）后，农业、汽车业、石化业、信息技术产业、纺织业、金融业、电信业七大产业将面临重大挑战。有专家估计，农村劳动力和国企员工将各有1000万人失业[241]。提起中国“入世”，人们的第一反应往往是：“进口车什么时候降价？进口商品会不会更便宜？”而忽视了经济全球化中的中国不应只是扮演消费者，还应是有竞争力的生产者[130]。这说明，在进入角色前，我们缺乏竞争意识，而只想到买“便宜”商品。以前，我们通过关税捍卫自己的市场，使得企业高枕无忧，研究也局限于提高生产率的技术和管理方法；现在，参与国际市场竞争后，加速创新成了企业的必然选择，新产品开发和基于时间竞争等相关理论的研究也将成为继生产技术和管理理论后的又一热点。

产品开发是一个全面、综合的过程，有积累也有扩散，是企业的事也是国家的事，更是全民的事。政府支持、学术研究、大众传播都是企业参与全球经济大战强有力的后盾。我们必须承认底子薄、人口多的国情；我们必须承认技术落后、管理落后的事实；我们必须承认员工素质有待提高和竞争与合作意识有待加强的境况。所有这些不是一天两天能够得到彻底解决和改善的，需要进行研究，使得企业标杆国外先进理论和具体方法，成功地参与国际市场竞争，不仅能够守住国门，而且能够像海尔一样跨到国外去，实现产品国外本土化。

（3）加强国内新产品开发相关理论研究

从资料的收集上可以明显看出，国内关于基于时间竞争和加速新产品开发的研究非常少。新产品开发隐含的两个基本目标就是新度（Newness）和速度（Speed），无论是领先战略，还是跟随与后进战略，只要是进入充满竞争的市场，必然要进行速度的竞争。目前，国内的创新（Innovation）研究几乎可以与外国并列，从与产品相关的生产、工艺和组织到企业的文化和制度，都有大量文献论述；而相对创新研究，速度研究可谓是凤毛麟角。速度常常会与质量和成本相提并论，但相对于质量和成本，速度研究更少，因为成本和质量研究已经相当有分量。20 世纪 80 年代末，速度在国外研究引起重视后，关于速度和时间的文献和术语就呈普及之势。这说明，国内的速度研究处于提倡期，尽管有许多研究和经营实践，如制造、设计和销售等环节或过程都涉及速度，但还有许多空白需要填充。

加速新产品开发的研究丰富了国内产品理论研究，至此，产品或服务的四维空间（新度、速度、质量、成本）在理论研究上才更加完美，在实践上才更加完善，能够从大的方面表达用户的实际需求，而不仅仅是价格和可靠性，还有新颖性和快速性。全球经济一体化、激烈而复杂的市场竞争、增长的用户需求使得企业管理的理论研究主题更加广泛，如供应链（SC）、企业流程重组（BPR）、虚拟企业（VE）、企业资源计划（ERP）、大量定制（MC）等成为近年来关注、探讨和研究的热点。目前，为响应人类自我的环保意识，企业生产理论和实践也适应性地走向了绿色制造（GM）。

（4）改变“中国制造”的现状

过去，中国人总是遗憾“Made in Japan，Made in US……”今天，中国人却遭遇了“Made in China”的尴尬。明白的中国人在国外市场看到琳琅满目的中国制造的商品时都很坦然，至少没有自豪心态。中国制造在给中国引来外资和技术的同时，也大大提高了中国的就业水平。但戴维·巴尔沃萨、路易斯·马丁的文章[93]指出，通常情况下，大多数标有“中国制造”的产品事实上都是在其他地方生产的，而且这些产品的生产厂家基本是日本、韩国和美国的跨国公司，它们只是把中国作为其庞大的全球生产体系中的最后组装地。瑞士银行的经济学家董涛说：“所有这一切的最大受益者是美国。一个芭比娃娃的售价是 20 美元，但中国只能获得其中的 35 美分。”根据美国劳工统计局的统计，2005 年美国工人平均每小时工资 16.16 美元。而在中国，许多地区的工人每小时薪资可以低到 40~60 美分。成千上万个工厂的出现为中国低工资的外来民工带来了数百万个就业机会。他们的工资最高大约为每小时 75 美分。但一般来说，迄今，这些行业的中国公司还无法从从事基本生产提升到从事设计以上工作的水平。尽管如此，中国的崛起成为世界贸易的动力，与20世纪80年代日本发挥这样作用形成了鲜明的对比。当时的日本人创建了自己的品牌，如丰田、本田和索尼。除了联想和海尔以外，中国几乎没有什么叫得响的全球品牌。中国官员不失时机地说，反映巨大顺差的贸易统计数字使人误认为中国非常繁荣。中国商务部研究院人士说："中国在过去几年中得到的只是一些漂亮数字，而美国和外国公司得到了真正利润。"

上述文字还没有道尽"中国制造"之忧虑，在高速增长的GDP背后，中国人不仅在廉价地出卖血汗，而且还廉价地消耗宝贵的资源，优惠而廉价地出租土地。大量农民工进城就业，大量大学生失业或待业，这些说明了什么问题？"中国制造"的结果是对大量低端劳动力需求，而不是面向大学生、研究生的"设计、管理和研发"等相关岗位。目前中国高等教育扩招的教育经济与"中国制造"的制造经济产生了强烈的冲突。农民工做不了的（有一定知识含量）、大学生又不愿意做的（工资低或在校没有受到相应的操作技能训练）特定因素组合形成了目前中国特有的"技工荒"现象。"中国制造"另外的副作用就是，近些年来，中国环境受到了前所未有的破坏，尤其是湖泊、河流的污染严重威胁到当地居民的生活用水。空气、土壤和水污染也是当地居民癌症、肿瘤等疾病发病率升高的元凶。企业利益与居民利益的矛盾说明"中国制造"应该得到政府的高度重视，中央政府已开始加大力度对污染源进行控制和整治。然而，根本的解决办法就是转变，国内许多企业也要逐渐实现从原始设备生产商（Original Equipment Manufacturer，OEM）到原始设计制造商（Original Design Manufacturer，ODM）的转变，继而实现向原始品牌制造商（Original Brand Manufacturer，OBM）的方向发展，在全球竞争市场抢夺真正意义上的利润，获取竞争优势。

明显的例子就是大家所熟知的中国汽车行业的现状。为了规避风险和追求短期利润，许多中国汽车厂商纷纷高举合资的大旗，增加对中国 GDP 和国内就业的贡献，却忽视或摒弃了创新的自主性，形成了“技术空心化”。好在有一批民营汽车企业，特别是奇瑞、吉利等汽车公司的自主研发和创新使得中国汽车工业自主创新重现曙光。由于高举自主研发、自有产权和经济型轿车的大旗，奇瑞（Chery）、吉利（Cheshi）两家公司的汽车销量从 2001 年的 1 万~2 万辆迅速攀升到 2004 年的 10 万辆，成为中国汽车工业举足轻重的新生力量[224]。所以，从民族自尊心和民族责任心的角度考虑，要提倡全民创新，加速新产品开发，创建自己民族品牌，发挥中国教育培养优势，将中国制造改变为中国创造（Created in China）或中国研发，从低劳动成本和低资源成本优势走向创新和研发优势。

2.2.2 加速新产品开发研究的内容

（1）国内外研究概况

目前，国外关于基于时间竞争和加速新产品开发的文献多数集中在基于时间竞争战略和加速新产品开发实施给企业带来的竞争优势，以及企业为了获取时间上的竞争优势需要承担哪些风险以及避免和减少这些风险的措施。另外，加速新产品开发的方法也是加速新产品开发研究的重要内容，从流程、组织、技术上来研究如何使企业成功地获取时间竞争优势，赢得顾客、赢得市场、赢得利润。从完整性考虑，时间和质量与成本的均衡也应成为加速新产品开发的研究内容，虽然上述文献回顾中提到一些方法或模型，但对于具体企业和具体产品也会有很大差别。

上述大量研究表明，加速新产品开发的途径一是继承原有的准时生产制思想，压缩中间过程时间，如加速研发决策、加快产品设计等；二是从产品质量角度考虑，即在产品研发阶段尽可能地顾及和估计产品推出过程的质量问题，保证质量对时间的贡献是减少后阶段的反复。在后一种情况下，产品研发阶段的时间还有可能延长，但可以加速产品推出，实现基于时间竞争战略。

（2）需要研究的问题

许多文献也提出产品研发的模糊性、不确定性、动态性等特征，使得缩短产品研发时间不如准时生产制实现缩短制造时间容易，而且明显的问题是，研发时间的测度问题很难确定，更难捕捉产品研发的提前期，这使得产品研发变得神秘莫测。许多文献一般仅对新产品开发成败因素进行了调查和分析，而国内研究连调查性资料都很少有（这与中国的国情和思维模式有关）；方法的研究多是建立在技术基础上的，如计算机信息革命给新产品开发带来的影响等，组织的交叉功能团队会因为区域的文化差异而变得复杂。

目前的状况决定了新产品开发研究课题的多样性。广度上：①需要确立产品和产业间的研发标准，即寻找研发上的共性，以利于迅速发现竞争对手的弱点定位。②在当今提倡的合作前提下的竞争，如何提高企业联盟的整体新产品开发效率是供应链和虚拟企业研究的重要课题。③研究机构或高校如何与企业实现真正意义上的渗透。一方面，在技术上实现研究成果的快速转化，实现企业转化状况的反馈；另一方面，在管理上对企业作更深层次上的剖析，有利于企业快速决策。④企业新产品开发的战略选择，如自主式、联合式、外包式、混合式等。生产主导企业不是没有新产品开发战略，而是在缺乏研发能力、生产加工、市场销售等长处的基础上，进行了新产品开发方面的外包。这样，企业可以少承担或不承担新产品开发的高风险。但是，在当今市场条件下，不能及时提供新产品，企业就会失去长久的竞争优势。所以，如何进行新产品开发战略是企业或研究者面临的一个难题。

深度上，基于时间竞争的新产品开发可以进行以下几个方面的研究：①着手时间测度的研究，一定产业内的不同品种研发阶段时间比例的多少是衡量新研发项目时间的依据。②如何量化产品研发的因素，许多文献提到影响因素或衡量指标，一方面不完整且笼统，另一方面多是定性的。最大限度细化和量化指标更加有助于对缩短产品研发时间的方法的研究。③在研究新产品开发的时间指标时，必须顾及产品的质量和成本，像爱迪生那样，虽然促进了整个社会的进步，却不是一个企业所能承受的。所以，成本、质量和时间的均衡是加速新产品开发不可避免的问题，有些学者提出了一些模型，但对于新产品开发还需要从头考虑。

（3）本书的研究内容

本书的研究目的是在前述复杂、多变、快速、激烈的国际市场环境下，通过查阅大量相关文献以及部分采访和调查进行总结因素、改进方法等，挖掘新产品开发的时间潜力，重点在新产品开发研发阶段的时间压缩方法的研究上。本书综述了基于时间竞争和新产品开发的研究概况，概括了关于加速新产品开发的基本概念、成功因素及实现方法。后续内容则分别集中在加速新产品开发前端用户需求分析、加速新产品开发前端信息加工、面向对象团队设计及加速新产品开发网络综合模型等论文创新方面。这也是本书在当代市场环境和技术背景下，对加速新产品开发理论性的贡献，为企业实现新产品开发的基于时间竞争战略提供了新的理论性的参考。

新产品的品种与数量大大增加、新产品更新换代加快、新产品开发周期越来越短、重大新产品出现的时间间隔越来越短、新产品研究开发费用越来越大等现代新产品开发的特点[207]以及复杂、快速、激烈的竞争环境，决定了企业加速新产品开发的必要性和深刻意义。从熊彼特的创新概念到现代企业竞争理论，从日、美企业成功的基于时间竞争实践到今天虚拟企业发现企业管理理念的成功转移（产品→销售→顾客）和经营焦点的转移（生产→促销→开发），企业顺应市场变化的过程也是科技发展、企业实践和理论推进的过程。一个企业在自由、变化、复杂的市场环境里生存和发展，依赖自身获得竞争优势，因此“从企业竞争优势到基于时间竞争 + 创新（即加速创新），到加速技术创新，到加速新产品开发，再到加速新产品退出”是“压缩新产品开发的时间”主题来源线索，如图 2.1 所示。企业的外部环境和内部能力决定企业竞争战略（领先战略、跟随战略、后进战略、组合战略）的选取，基于时间竞争和新产品开发相结合就是领先战略，也是新产品开发的速度或加速战略。

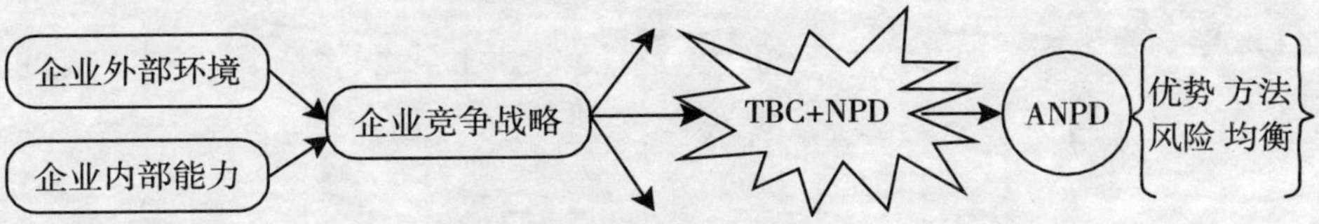

图 2.1　加速新产品开发的研究线索与内容

从所收集的资料可以明显看出，国内关于基于时间竞争概念的理论研究处于起步阶段，关于加速新产品开发、加速创新的研究也刚开始，因此，如何在现代市场环境和学术状况下，进一步深入研究压缩产品开发的时间成为管理学科研究者的重要理论方向，也是中国企业走出困境和走向成功的实践重心。企业外部环境和基于时间竞争战略优势决定了企业加快新产品开发的速度。如何实现加速新产品开发？如何避免加速新产品开发风险及主要目标参数间的矛盾？等等。

新产品开发是企业在新世纪赢得竞争优势的强有力武器，企业应该主动接受市场需求拉动而不是被动受竞争推动进行新产品开发。尽管新产品开发尤其是快速新产品开发战略具有一定的风险，但如果方法得当，管理适宜，加速新产品开发带给企业的回报将远大于企业进行加速新产品开发的投入。

3 加速新产品开发成功因素与方法

本章从新产品开发时间维度方面，概括性地总结了加速新产品开发的成功因素、实现方法。流程上，缩短和控制研发流程前端时间对加速新产品开发意义重大，质量功能展开、专家调查、采用交叉功能团队等都可以被认为是有效针对顾客、减少前端模糊性和提高效率的方法；组织建设方面，采用交叉功能团队方法，实现组织上的并行工程；技术上，现代计算机、网络技术的发展对辅助企业管理意义重大，包括 CAX、PDM、协同商务、CRM 组件、ERP 组件等。

3.1 加速新产品开发成功因素

从产品生产组织角度，其成功因素[80]如图 3.1 所示，包括：市场优势、产品概念效能、高层领导的支持、产品开发团队组合与合作、供应商的参与、顾客参与。从产品本身价值角度，其成功因素有：功能独特、质量可靠、速度、外观。另外，学习也是新产品成功的重要因素，在激发成功创新的时候，有的归功于顾客驱动（以顾客为中心），有的归功于过程驱动（创意—产品）和优先驱动（先入市场原则），还有的归功于学习驱动。持学习驱动观点的认为，新产品开发过程是一个不断学习和积累经验的过程。新产品很难一次成功，是在一定的学习机制和组织环境里，通过总结过去经验、记录当前的错误逐步得到完善，直到最

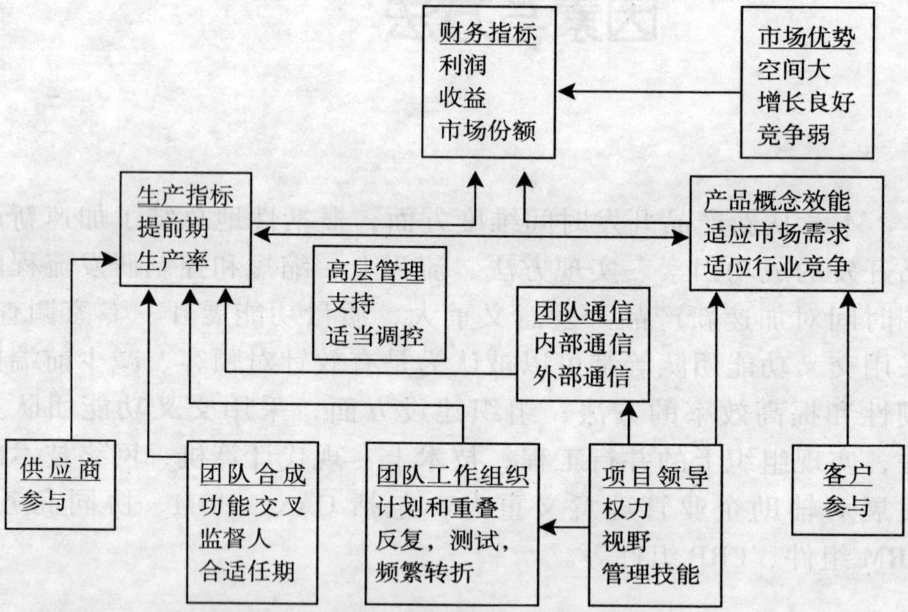

图 3.1　影响新产品开发的成功因素

表 3.1　加速新产品开发的成功经验

序　号	成功经验
1	成功的第一要素是向顾客提供物超所值的独特而优越的产品
2	强而有力的市场定位，即市场驱动和以顾客为中心的新产品开发流程
3	产品开发前期，许多预备工作一定要做
4	明晰和及时的产品说明是新产品开发成败的关键
5	恰当的组织结构是成功的关键因素
6	新产品成功是可预见的，成功者的榜样可以成为项目选择的依据
7	新产品成功是可控的，执行过程的整体性、连贯性及质量很重要
8	注重速度限制：速度重于一切，但不是牺牲执行质量
9	多任务化新产品开发流程：多阶段而有条理的新产品计划将运行得更好

终满足顾客需求[25]。还有学者通过调查总结了九条成功经验[72]，如表 3.1 所示。

胡树华[99]运用 Cooper 模型进行统计分析得出使新产品成败的影响因素，如表 3.2 所示。明显的结论是，产品质量排列在产品成本之前，而且满足用户需求成为第二成功因素。这样的结果来自中国，也更加符合目前国内的实际，但对于目前国内的外资企业、跨国集团公司和参与国际竞争的国内知名大企业，可能会有较大的出入。

表 3.2 新产品成败因素调查结果

使新产品成功的影响因素（满分 10 分）			导致新产品失败的影响因素（满分 10 分）		
因素名称	分 数	排 序	因素名称	分 数	排 序
产品质量	7.84	1	推销能力	6.53	1
能较好地满足用户需要	7.66	2	市场研究能力	6.42	2
研究与开发能力	6.97	3	产品质量	6.34	3
了解市场规模	6.84	4	资金能力	6.29	4
了解市场需求量	6.82	5	管理能力	6.21	5
了解生产成本	6.82	6	市场研究	6.13	6
能满足用户的特殊需要	6.79	7	研究与开发能力	6.05	7
资金能力	6.76	8	用户对竞争者产品满意程度	5.95	8
产品技术水平	6.76	9	产品开发	5.92	9
企业对产品成功的信心	6.74	10	市场开拓	5.82	10
推销能力	6.68	11	产品技术水平	5.79	11
精通产品设计	6.68	12	市场需求量	5.61	12
掌握产品技术	6.58	13	市场评价	5.61	13
管理能力	6.55	14	售后服务能力	5.55	14
市场研究	6.55	15	价格竞争的激烈程度	5.47	15

Don H. Lester[16]在《新产品开发的关键成功因素》一文中列述了五个方面 16 个重要成功因素，如表 3.3 所示。

表 3.3　新产品开发的关键成功因素

类别	成功因素
高层管理委托	（1）高层管理的委托是支持新产品的基础 （2）组织文化要支持和奖励勇于创新、承担风险、努力成功的个人
组织过程	（3）交叉功能团队能够很好地胜任新产品开发任务 （4）通过帮助、支持和指导，新产品开发组织应集中于风险团队的增值努力 （5）新产品开发过程必须提供战略和功能操作的指导方针 （6）在共同认识新产品开发过程的基础上，团队和组织的工作将更加有效
新产品概念	（7）创新需要专家建议、技能、激励、合适的界限和时间 （8）需要充分学习或直接外借一些超出现有技术和市场应用的好创意
风险团队	（9）足够重视个体技能、经验和能力 （10）团队的重要性是使得成员学会共同工作，开发并负责新产品开发结果
项目管理	（11）开发一个详细的项目战术计划，以识别达到项目目标的关键任务 （12）新产品开发战术计划包括清晰的开发目标和实现任务的关键点 （13）将外部注意力转移到新产品风险上来 （14）新产品概念优劣由市场评判，当前的挑战是给予风险团队理解 （15）管理上的沟通应该侧重于流程与计划、当前关键问题、解决办法、已掌握知识及重要未知领域等 （16）为了成功地避免风险，再评估结果和日常新信息要用于更新或重定项目计划，并保证团队成员精诚合作

企业成功的把握的大小来自缩短市场响应时间的实践，包括R&D 时间。Lynn W. Ellis 和 Carey C. Curtis [44] 在《加速R&D：如何获利?》中描述了有关周期与财务指标的联系的调查研究，并记录了经理对结果的反应。主要的发现是，提高收益时快速周期成本减少的效果变差，指明了这种现象发生的原因，并给出了一些既能减少时间又能最小损坏财务的管理方法。表 3.4 列出通过测量时间来提高 R&D 管理效果的 10 个经验。

在一个名称为“Churujianghu”的博客里有一篇关于软件开发管理方面的文章，篇名为《开发 75 条》[214]，文章通过问答式的写法描述了软件开发过程中需要使用的工具、人员沟通等情况，具体如表 3.5 所示。每一个参与软件开发人员，包括项目组的领导，都可以根据问题回答，以清楚自己或团队在软件开发项目过程中有哪些做得比较好，有哪些做得还不够先进。

表 3.4 研发管理效果 10 个经验[214]

序号	成功经验
1	测量和记录时间成为成功管理的先决条件，需要估算和记录整体时间和分段时间
2	通过跟踪从产品（服务）的初始化创意到产品能够被用户使用的时间使顾客满意，企业需要比现在更加准确的测量时间，尤其在 R&D 之前及顺序下游活动中
3	除非能够清楚地表明压缩新产品开发周期能够提高长期和短期的财务收益，企业应该寻找其他或更多的战略动机来压缩产品开发周期
4	企业因竞争而压缩产品周期应该使用中间或正向财务影响的管理技术。例如：调整 R&D 投资组合、修整产品周期、使用并行工程、改善 R&D 与营销的互动、集中专利质量
5	投资于大的项目，即使其周期较长
6	课题拓展和项目选择的加强很重要，管理从原型到顾客的速度、使用目标成本或比较财务选择技术，使得这样拓展项目更富有成效
7	为了提高财务绩效，允许少许增加 R&D 周期及初始产品周期
8	将 R&D 预算向并行工程项目转移，因为它可明显地减少周期而不影响财务绩效
9	为了减少周期，在开发早期进行 R&D 与市场的紧密交互
10	专利奖酬集中于潜在的财务回报，而不是专利的数量

表 3.5 软件开发 75 条

内 容	说 明
1. 你们的项目组使用源代码管理工具了吗	工具/源代码管理
2. 你们的项目组使用缺陷管理系统了吗	工具/缺陷管理
3. 你们的测试组还在用 Word 软件写测试用例吗	工具/测试用例
4. 你们的项目组有没有建立一个门户网站	沟通宣传
5. 你们的项目组用了能买到的最好的工具吗	工具/开发平台
6. 你们的程序员工作在安静的环境里吗	工作环境
7. 你们的员工每个人都有一部电话吗	工作环境
8. 你们每个人都知道出了问题应该找谁吗	沟通/问题负责人
9. 你遇到过有人说“我以为……”吗？（不要想当然）	个人态度
10. 你们的项目组中所有的人都坐在一起吗	沟通/集中
11. 你们的进度表是否反映最新开发进展情况	进度/进度表

续表

内　容	说　明
12. 你们的工作量是先由每个人自己估算吗	进度/工作量
13. 你们的开发人员从项目一开始就加班吗	进度/加班
14. 项目计划中缓冲时间是加在每个小任务后面的吗	进度/缓冲时间
15. 值得再多花一些时间，从 95%做到 100%	进度/完善
16. 登记新缺陷时，是否写清了重现步骤	缺陷/登记
17. 写新代码前会把已知缺陷解决吗	缺陷/解决
18. 你们对缺陷的轻重缓急有事先的约定吗	缺陷/轻重区分
19. 你们对意见不一的缺陷有“三国会议”吗	缺陷/决策
20. 所有的缺陷都是由登记的人最后关闭的吗	缺陷/关闭
21. 你们的程序员厌恶修改老代码吗	代码/维护
22. 你们项目组有团队精神活动吗	团队精神
23. 你们项目组有自己的标识吗	形象/项目组
24. 你们的员工有印有公司标识的 T 恤衫吗	形象/企业
25. 总经理至少每月参加几次项目组会议	领导组织
26. 你们是给每个开发项目开一个分支吗	任务分配
27. 有人长期不登记（Check-In）代码吗	代码/登记
28. 在登记代码时都填写注释了吗	代码/注释
29. 有没有设定每天登记代码的最后期限	代码/登记限期
30. 你们能把所有源码一下子编译成安装文件吗	代码/编译
31. 你们的项目组做每日编译吗？	代码/编译
32. 你们公司有没有积累一个项目风险列表	风险/案例积累
33. 设计越简单越好	代码/设计
34. 尽量利用现有产品、技术和代码，不要什么都自己写代码	代码/重用
35. 你们会隔一段时间就停下来夯实代码吗	代码/完善
36. 你们的项目组每个人都写日报告吗	日常管理/日报告
37. 你们的项目经理会发出每周报告吗	日常管理/周报告
38. 你们项目组是否至少每周全体开会一次	日常管理/周会议
39. 你们项目组的会议、讨论都有记录吗	日常管理/记录
40. 其他部门知道你们项目组在干什么吗	沟通/让别人了解
41. 通过 E-mail 进行所有正式沟通	沟通/工具
42. 为项目组建立多个邮件组	沟通/平台
43. 每个人都知道在哪里可以找到全部的文档吗	沟通/知识库

续表

内　容	说明
44. 做决定、做变化时，告诉大家原因了吗	沟通/让别人知道
45. 保持灵活，并且渴求变化	代码/保持柔性
46. 你们有没有专职的软件测试人员	测试/专职人员
47. 你们的测试有一份总的计划来规定做什么和怎么做吗	测试/总计划
48. 你是先写测试方案然后再测试吗	测试/方案
49. 你是否会为各种输入组合创建测试用例	测试/用例
50. 你们的程序员能看到测试用例吗	测试/用例开放
51. 你们是否随便抓一些人来做易用性测试	测试/增强随机性
52. 你对自动测试的期望正确吗	测试/不全信软件
53. 你们的性能测试是等所有功能都开发完才做的吗	测试/性能测试要求
54. 你注意到测试中的杀虫剂效应（抗药性方面）了吗	测试/增强深度
55. 你们项目组中有人能说出产品当前的整体质量情况吗	产品/整体情况
56. 你们有单元测试吗	测试/局部
57. 你们的程序员是写完代码就扔过墙吗	代码/维护
58. 你们的程序中所有的函数都有输入检查过了吗	代码/维护
59. 你们的产品有统一的错误处理机制和报错界面吗	产品/整体情况
60. 你们有统一的代码书写规范吗	代码/书写规范
61. 你们每个人都了解项目的商业意义吗	项目/商业意义
62. 你们的产品各部分的界面和操作习惯一致吗	产品/界面
63. 有可以作为宣传的亮点吗	宣传/亮点
64. 尽可能缩短产品的启动时间	进度/启动时间缩短
65. 不要过于注重内在品质而忽视了第一眼外在印象	产品/外在印象
66. 你们根据详细产品功能说明书做开发吗	支持/文档
67. 开始开发和测试之前每个人都仔细审阅功能设计吗	准备工作/功能设计
68. 所有人都始终想着项目全局吗	项目/全局
69. 开发工作的划分是单纯纵向或横向的吗	任务分配方式
70. 你们的程序员写程序设计说明文档吗	程序员管理/文档
71. 你会在面试招人时让他写一段程序吗	程序员管理/招聘
72. 你们有没有技术交流讲座	沟通/讲座
73. 你们的程序员都能专注于一件事情吗	程序员管理/专注性
74. 你们的程序员会夸大完成某项工作所需要的时间吗	程序员管理/态度
75. 尽量不要用虚拟领导，最好不要用虚拟领导	领导组织

表3.5所描述的75条问题基本覆盖了软件开发项目管理的各个方面，涉及开发工具的选择、任务分配、组织内外沟通以及软件开发项目流程的准备、代码、测试、进度、质量管理等，包括日常报告、会议、文档管理，还涵盖了企业、团队形象要求、项目风险管理、领导组织意识等。这75条可以被看做是开发人员开发经验的总结，虽然涵盖面较广，问题也很实际，但对于指导软件开发工作还缺乏一定的逻辑组织性。而且局限于强调内部开发管理工作，内容的完整性还有些欠缺，比如在75条中，看不到客户是如何参与的，其实这点非常重要，对于软件开发来说，实时与客户保持紧密联系和交流是非常重要的。通过对上述75条进一步总结，可以得出软件开发项目管理模型，如图3.2所示，可以发现，软件开发项目的成功因素取决于工具的先进性、项目流程管理的规范性及科学性、人员组织的合理性、团队合作及沟通的深入性、项目整理理解的全局性、品牌意识的宣传性等。

3.2 加速新产品开发成功方法

新产品开发内容包括战略制定、组织架构以及流程设计等，因此压缩新产品开发的时间可以从以下角度考虑。一是在新产品开发流程中寻求哪些有空可压的阶段（如模糊前端）及如何压缩特定时段的时间等；在战略上采用哪些管理思想技术（如质量功能展开、并行工程等），采用一定的流程模型（如阶—门模型）。二是组织，新产品开发团队的组织形式对时间压缩有很大影响（如采用功能交叉团队）。三是技术辅助，计算机技术无疑是加速新产品开发的有力工具（如网络信息共享、设计和决策支持系统等）。在新产品开发过程中，广泛的顾客参与、供应商的支持、

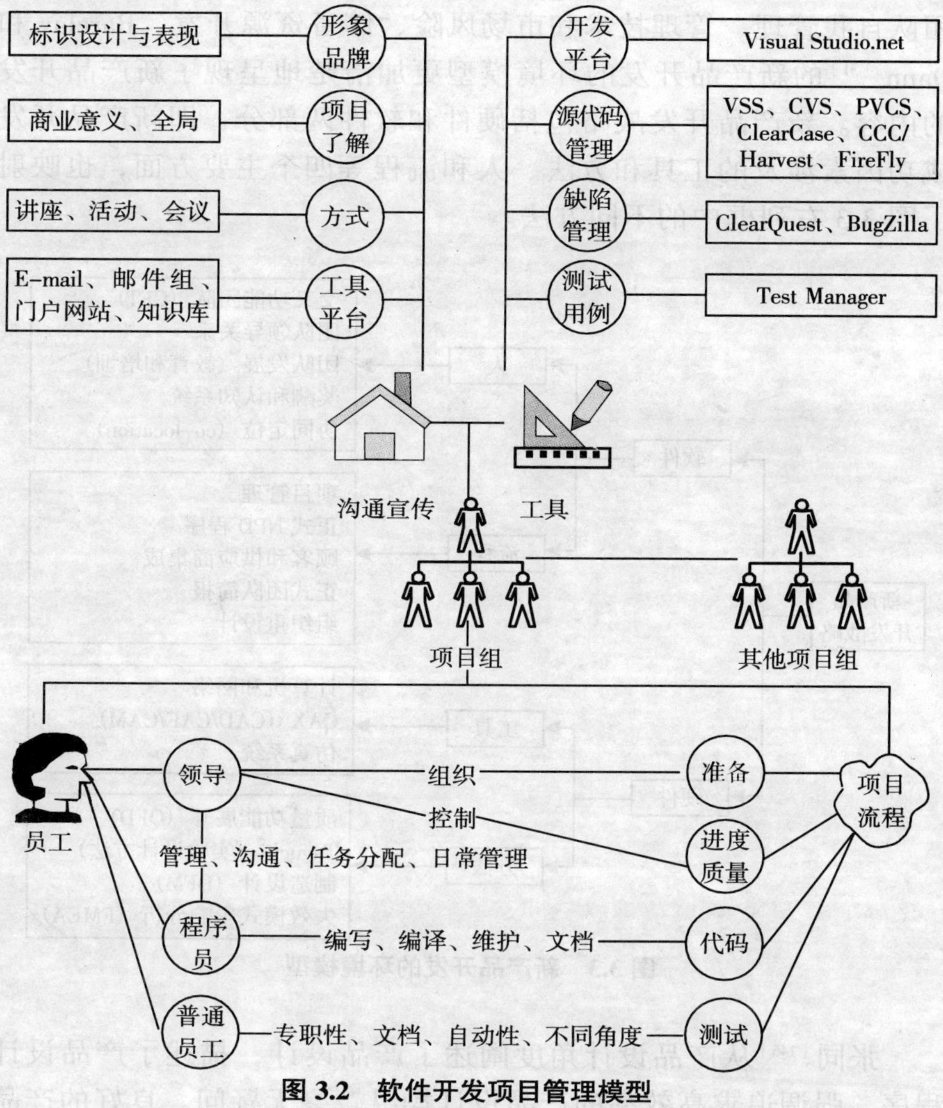

图 3.2 软件开发项目管理模型

新产品项目之间知识传递也是加速新产品开发的重要因素[5]。Smith 和Reinertsen[59] 认为有 10 个方面可以帮助 R&D 管理者，这10个方面是：过程柔性、经济性指导、复杂性关注、发明渠道管理、避免“思考阶段”陷阱、足够的团队成员、综合素质成员、团队自我管理、管理技术和市场风险、储备资源开发。Barclay 和 Dann[31]的新产品开发的环境模型更加清楚地呈现了新产品开发的内容。新产品开发战略包括硬件和软件两部分，即新产品开发成功因素涉及的工具和方法、人和流程等四个主要方面，也映射了图 3.3 右列框中的不同方法。

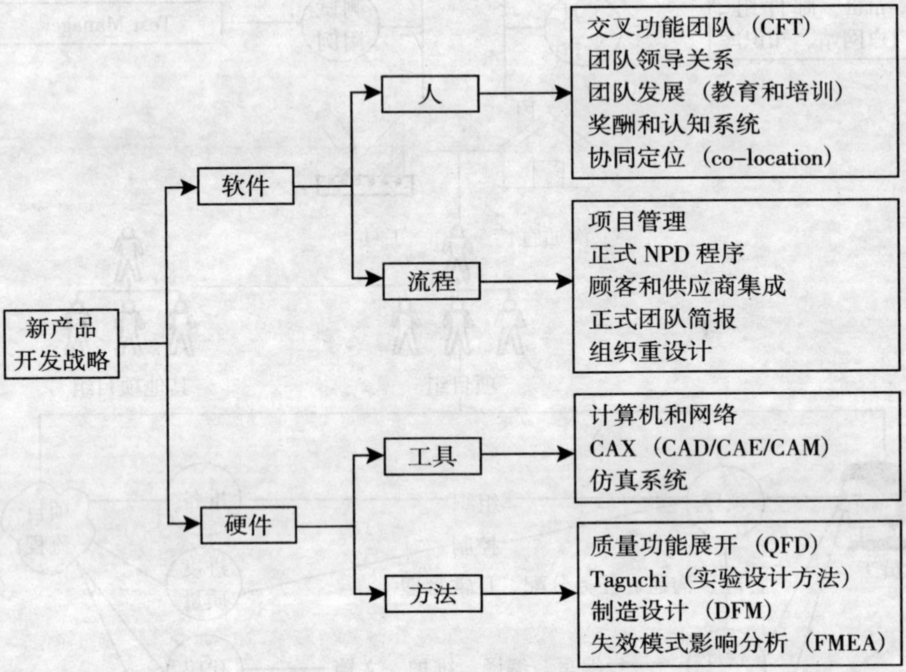

图 3.3　新产品开发的环境模型

张同[146]从产品设计角度阐述了产品设计，描述了产品设计程序，强调追求高效率的产品设计操纵。毫无疑问，良好的产品设计方法不但能够促进新产品开发成功，而且能够加快新产品开发的速度。以下分别从流程、组织和技术（工具和具体方法）阐述有利于缩短产品研发周期的措施。

3.2.1 模糊前端

模糊前端（Fuzzy Front End, FFE）不是加速新产品开发的方法或工具，而是新产品开发过程的一个粗分阶段——正式组织产品开发前的阶段的统称，它包括创意生成、创意筛选、概念和技术开发、机会识别和机会分析等[56]。由于这个阶段的工作状态多是实验性、混乱和很难计划的，且资金是私下的、不确定的，信息也是不充分的，故称为模糊前端。因为模糊性和不确定性，这个开发的前期阶段被认为是产品开发过程中时间弹性最大的阶段，压缩模糊前端的时间是加速新产品开发一个重要的出发点。

3.2.2 阶—门模型

面对缩短周期、提高新产品“命中率”的压力，企业日益将阶—门（Stage-Gate，S-G）模型作为一种有效管理、指挥和控制产品创新的工具。阶—门模型是新产品从创意产生到推出的概念和操作模型，是提高新产品效率的蓝图。阶—门模型[73]如图 3.4 所示。

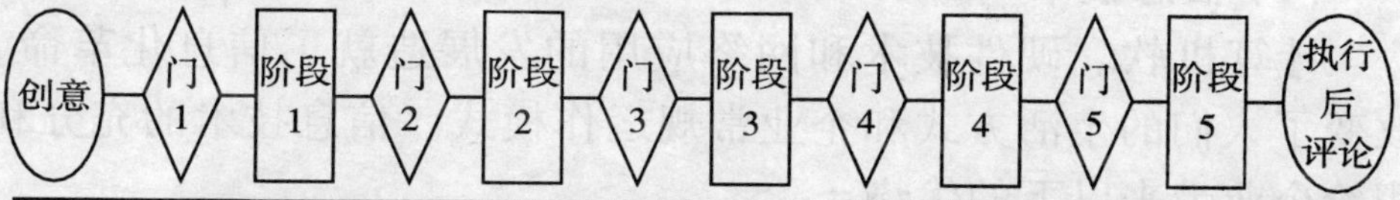

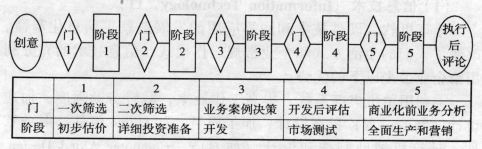

	1	2	3	4	5
门	一次筛选	二次筛选	业务案例决策	开发后评估	商业化前业务分析
阶段	初步估价	详细投资准备	开发	市场测试	全面生产和营销

图 3.4 新产品开发的阶—门模型

阶—门模型将新产品开发流程分成间断而可确认的不同阶段，根据具体情况，阶段有 4 个、5 个或 6 个不等，每一阶段都要为通过后面的决策门收集信息和做准备工作，每一阶段都是多功能的，没有“R&D 阶段”、“市场阶段”等分别；在每一阶段前设的“通过/否决（Go/Kill）”决策门（关口），是进行质量控制和允许后继活动的检测点。

阶—门模型是一个显著的、相对简单的、易于理解和沟通的成功创新蓝图，是一个灵活的、多功能的系统，因此能够实现新产品开发：较少的重复工作、早期的失败探察、更短的周期、更好的推出及改善联合作业、提高成功率[72]。Sandro Giovanni Valeri 和 Henrique Rozenfeld[79]认为，门禁（即阶—门模型中的门）常用于新产品开发项目持续性决策。他们讨论了质量门改进概念和局限性，通过门禁思想的理论和经验分析了两个案例，提出了增加新产品开发过程柔性的质量门方法，除了定义用于产品组合决策的可交付性、退出机制、质量门结果、质量门团队和决策过程外，还补充了门过程的额外特征，给出了门过程的详细说明及客户化规则。

3.2.3 信息技术、快速成型、并行工程和质量功能展开

（1）信息技术（Information Technology，IT）

计算机软、硬件技术和网络应用的发展造就了信息化革命，改变了人们的生活方式和企业常规运作模式。信息技术的充分利用给企业带来以下的优势：

①利用单机桌面系统，提高工作效率，减轻劳动强度，加速设计、制造过程，提高设计、加工质量。如 Office 组件、财务软件、计算机辅助制造和设计（如 CAX—Computer Aided Design, Manufacturing，Process Planning）等。

②利用网络系统，实现内、外信息的快速收集、存储、交流、加工和传递，方便学习和创新，网络化手工业务和日常管理

事务。充分利用全球信息资源，缩短产品周期，提高竞争力。如办公自动化（OA）、企业资源计划（ERP）、管理信息系统（MIS）、计算机集成制造系统（CIMS）、计算机辅助工程（Computer Aided Engineering, CAE）等。

（2）快速成型（Rapid Prototype，RP）

计算机三维技术（3D）的发展使得RP在模具、模型和产品零部件原型的制作过程非常有效[240]。利用RP，可以从多个模型中选取价值优化特征信息；与顾客进行独特属性的交流，产生独到的创新；记录和回顾设计，进行纠错和改良[46]。因而，能够加快产品设计过程，缩短产品开发时间[24,240]。

（3）并行工程（Concurrent/Simultaneous Engineering，CE/SE）

CE有别于传统串行工作方式，在产品设计开始时考虑产品整个生命周期中的所有因素，采用并行方法处理产品设计、生产、销售过程中的各种问题，从而有效地缩短了产品开发周期，并提高了产品的质量[30]。CE强调的重点是，要在产品设计时考虑其下游的制造、装配、检测、维修等各个方面，并由此形成一系列技术（如DFX—Design for Manufacturing, Assembly，Testing，Maintaining，Operating；CAX；标准化及数据交换等）[169]。CE的本质不仅是作业活动的并行，还包括所有参与者的通力合作，以平行的、交互的、协同的方式进行产品及相关过程的设计，完成产品的生产及销售，提高生产率和竞争力[50]。许多国际知名公司（如General Motors，Chrysler，Ford，Motorola，Hewlett Packard，Intel等）采用CE提高产品开发质量，减少产品开发时间和成本。

（4）质量功能展开（Quality Function Deployment，QFD）

质量功能展开是一种质量管理方法，由日本学者永野滋博士于1973年提出。质量功能展开的基本思想是，产品开发过程中所有活动都由顾客的需求、偏好和期望所驱动；通过“做什么”和“如何做”把顾客的需求、偏好和期望设计到产品和过程中去，使产品达到顾客的要求[108]。质量功能展开定义是以目的—手段连锁的系列方式将质量机能（或工作）由整体向细部不断展开的过程。即首先将消费者（顾客）所期望的功能要求（目的）转换成代用特性（手段）；然后依据这些特性（目的）决定产品设计质量（手段），再依据设计质量（目的）进一步开展至每一组件或零件制造过程的质量要求（手段）。这样以目的—手段—下一目的—下一手段……进行系统化展开，确保该项产品（或工作）能够满足顾客的期望。质量功能展开可以缩短产品设计时间、减少工程变更次数、减少不确定因素、最终使顾客满意。使用质量功能展开的国际知名企业有 GM、Ford、Mazda、Motorola、Xerox、Kodak、IBM、Procter & Gamble、Hewlett-Packard、AT&T 等[40]。

（5）面向对象方法（Object Oriented）

近年来，软件业的兴盛大力推动了信息网络技术的飞速发展，面向对象方法是软件业走向辉煌的奥秘。使用人类认识世界的思维进行类的封装性、继承性和多态性，从而实现结构化方法难以实现的程序动态性、重用性及人机交互性。该方法尽可能地模拟人类思维方式，适应现实世界对象的动态性。面向对象方法在软件工程中取得了成功，现在，一切高级可视化编程平台的核心就是面向对象。能否在新产品开发过程中和开发团队组织中采用面向对象方法是一个有意义的问题，因为产品是对象，团队也是对象。这将是本书探讨的一个主题。

3.2.4 组织团队建设

开发一项新产品的难度不仅在于市场的不确定性和资金风险，对企业内部人员组织也有较高的要求。依靠常规的职能部门来完成新产品开发会导致效率低下，而交叉功能团队或交叉功能风险团队是加速新产品开发的理想模式[16]。交叉功能团队(Cross-Functional Team, CFT)是由不同专业人员组合而成的紧密的功能交叉集体，进行产品开发设计[68]。营销人员在开发产品需求时与研发人员和制造人员紧密合作；研发人员在拟订产品详细设计说明时与营销人员和制造人员紧密合作；制造人员也是在与营销人员和研发人员紧密合作的情况下设计加工工艺；交叉功能团队可以很好地管理人员互动及技术和创意在个人与团队之间的转移。交叉功能团队可以节省大量产品开发设计的时间和成本，减少反复，加快新产品开发[6,19,68]。

3.2.5 顾客需求管理

顾客需求是企业运营的动力，也是企业产品开发的出发点，以顾客为中心的市场导向确立了顾客的中心地位。使用顾客满意度参数指标管理新产品开发可以加快产品开发速度，提高利润。顾客满意度参数有产品质量（可靠性）、发送准时性、快速响应、质量计划、通信、技术和程序/合同管理，加速研究开发且使利益最大化的速度不是创新速度，而是顾客眼睛里的速度[9]。有效地进行顾客需求管理可以为企业提供多种信息。如产品的功能属性，贯穿产品研制与生产环节；产品的市场状况，影响着企业的战略计划；顾客需求分布，指导企业销售策略。另外，顾客在设计、生产和销售中的参与也是企业成功的重要因素。如何集成管理和利用好顾客需求是当今企业的新任务。本书提出的顾客需求的科目分录法可以作为企业顾客需求管理的参考。

在提倡“以顾客为中心”、“以顾客满意为中心”的同时，新产品开发高级顾问 Preston G. Smith[63]根据实例和自己的工作经验提出：要敢于对顾客说“不”。不是对顾客需求不重视，而是很多时候无法重视。例如，某一医药生产企业以顾客为中心，经常与顾客（外科医生）接触以开发新产品，开发过程受产品计划委员会监控。但这些顾客经常提出一些超过产品计划委员会批准的项目，后因心软（Softhearted）的经理很难对一个世界一流的整形外科医生说“不”，让其智取了整个产品开发过程。一般项目中，不同顾客的要求变幻无常，甚至同一顾客想法也会经常改变。Preston G. Smith 文中所说的“不”不是对顾客永久的“不”，而是在企业具有充足的资源和能力前。当然企业会担心因此将顾客让给竞争者，但一般这时顾客也是迷茫的。这篇文章可看成是“顾客满意”哲学的有力补充。

3.2.6 产品创新方法

新产品开发的创意从何而来，用户需求是一个来源，另外，创造学中有一种被广泛采用的法则——奥斯本 6M 法则，可以作为很好的借鉴。它是世界创造学之父——美国的奥斯本提出的[101]。基本思路是，通过发问 6 个 May（可以）来获取创造创新的捷径。主要内容是：

可以改变吗？能否改变功能、形状、颜色、气味等？是否还有其他改变的可能性？

可以增加吗？能否增加尺寸、使用时间、强度、新的特征等？

可以减少吗？能否省去、减轻、减薄、减短、减少？

可以替代吗？能否用其他材料、零部件、能源、色彩来替代？

可以颠倒吗？能否上下、左右、正反、里外、前后颠倒目标和手段能否颠倒？

可以重新组合吗？零部件、材料、方案、财务等能否重新组合？能否叠加、复合、化合、混合、综合？

柴邦衡和陈卫[168]在《设计控制》一书中阐述了创造性的基本原理及创造性的方法。创造性基本原理包括有压力原理、发散原理、激励原理、轰击原理和流动原理。根据以上原理可以延伸出许多创新方法，如群体集智法（智爆法、635 法和 Delphi 法）、设计探求法、列举分析法、联想法、抽象法（黑箱法）、逆向思维法和组合创新法等。张同[146]总结并阐述了产品设计的多种方法，有技术预测设计法、科学类比设计法、系统分析设计法、创造性设计法、逻辑与反逻辑设计法、信息分析设计法、相似设计法、模拟设计法、仿生设计法、可靠性设计法、动态分析设计法、模糊设计法、价值目标设计法等。更确切地说，这些方法是新产品创意方法。叶锡林[207]指出，开发航天新产品的方法（构思方法）有产品相关法、零部件相关法、材料工艺相关法、技术相关法、用户（市场）相关法、销售网络相关方法、经营管理相关方法、经济效益相关方法、综合相关方法等九种方法。杨泽民[232]在奥联网上从四个角度对创新方法进行了归纳：①独创、综合、借鉴、嫁接、交配、转移、扩散、深化、分解、"和田"法；②希望列举法、缺点列举法、形态结构法、汲取教训创新、趋势外推法；③32 问法（对象、人员、目的、手段、数量、场合、时间、效果与"现状如何？"、"原因何在？"、"是否进行改变？"、"如何改变？"4 问组合成 32 问）、3 问法（"能不能取消？"、"能不能合并？"、"能不能替代？"）、因果分析法；④5W2H 法（Why、What、Where、When、Who、How、How Much）、价值革新法、类比法；许庆瑞[205]将创造力的开发方法分为分析和非分析两大类，分析法应用逻辑思维的方法激发人们的创造力，包括特性分析法（Attribute Analysis）、排列组合法（形态分析法）、类比发明法、缺点列举法、情报分析法、检核表法（Checking List）、需求研究法、监视法（Monitoring）、分析比较法等。非分析方法是按非正统的方法思考，激发人们的想象力，使人们的思想从逻辑思维的过程中解脱出来，其根本出发点是打破框框。它包括智力激励法（亦称头脑风暴法）、综摄法、仿生学法、类比发明法、联想发明法、模仿创造法等。还值得一提的是许庆瑞[205]所讲的技术路径图，不仅可以辅助企业的创新战略，还可以作为企业新产品开发一种很有实用价值的创新方法。

综合多家之言，新产品构思方法有下面几种情况：

一是从已有产品出发，试图对已有产品"求变"而产生新构思，如形变、貌变、料变、性变（功能改变）等，如上述的6M法、问法、"和田"法等。

二是从主体意识出发，分为"无中生有"和"他中生有"两种情况，前者源于人们的"异想天开"，无根据、无目标地思考，当思维的火花得到注意和记录的时候，创意就产生了，这也是根本性创新——发明；后者有时是"无心插柳"，有时是"踏破铁鞋"，事先脑海里有一个难题——目标，冥思苦想，数日无果，通过生活或其他工作等启发后"豁然开朗"。"他中生有"的另外情况是有目的、有方向地借鉴不同学科、不同行业、不同领域的知识所进行的创新活动。这种方法本质是使用联想法。

三是从创新主体角度出发，有集体创造，也有个人发明。组织成员之间的压力、激励、协作等可以为创新培养条件，个人的兴趣范围和专业熟练程度也决定着创新成分的多少。

当然，创新方法具体化会更有利于管理和运作。

3.2.7 产品开发者信息咨询

作为产品开发人员或从事与产品开发相关人员更需要知识更新、开阔眼界、拓宽思路，做到知己知彼。以下是来自美国的调查结果，国内情况从略。期刊方面有第二章"新产品开发研究现状"里面提及的 Preston G. Smith 调查结果：Harvard Business Review, Journal of Product Innovation Management, Machine Design, Design News, Wall Street Journal, Project Management Journal, Fast Company,

Business Week, Mechanical Engineering, Research-Technology Management 等；网络方面，Gregg Tong 和 Preston G. Smith[28]调查发现五个最常用搜索引擎为：www. ManagementRoundtable. com, www. newproductdymanics. com, www. pdma. org, www. ieee. org, www. pmi. org。还有产品开发论坛（www. npdsolutions. com/pdforum. html），订阅服务（www. pdbpr. com），在线期刊（www. manufacturing. net/magazine/dn，www. east. elsevier. com，www. cio.com，www. informationweek. com），等等。

4　加速新产品开发前端分析与研究

本章在新产品开发模糊前端（FFE）概念基础上，寻找信息加工与物料加工的共同之处，将信息任务比拟成“虚拟工件”，并借用物料排序策略对信息加工流程进行排程，对信息处理与有形物料加工进行统一，为进一步标准化新产品开发前端处理方法提供参考。

前面在不断地陈述加速新产品开发在全球市场内具有很强的优势和潜力，并强调速度是新产品开发成功的根本性的关键因素。把握好速度，就是要把握好机会：一是赢得人们“新奇渴求”的心理意识的收益，快速满足顾客的时间需求；二是抢先抓住机会收益，快速可以抢占市场份额，先入为主强化顾客印象；三是增加产品功能和降低开发费用，快速可以在增加产品功能的同时减少长周期带来的开发成本。亲自购买过电脑的人都知道，对于电脑配件，单独购买和整机购买，配件的价格会差别很大，原因在于商家常常单销而不让利，却在整机配售时则对购买者所关心的配件大打折扣，以期赚取整体收益。这就为如何加速新产品开发提供了一个启示，加速新产品开发不一定要求每一个阶段都加快，需要有全局或整体的考虑。一种情况是压缩新产品开发局部关键阶段的时间，还有一种情况是压缩整体时间。后一种情况可能的结果是，局部阶段或活动的时间不但没有压缩，反而可能会延长。

4.1 新产品开发模糊前端概念

许多企业在阐明其产品战略时，需要挑选产品概念并计划产品开发项目，然而，当被问及什么地方是产品创新的最薄弱环节时，这些企业管理者的回答是 FFE[161,162]。新产品开发的整个过程都存在着在不同程度的缩短产品开发周期的时机，其中有一处——所谓的 FFE，被发现能够使开发周期得到很大的改变，而只需要付出很少的代价，这就是新产品开发模糊前端[59,164]。FFE 位于项目的关键路径上，这个阶段的任何延迟都将耗费其他开发活动，更糟的是会延迟产品的交付[164]。FFE 在新产品开发周期中占有很大的比例，这个阶段虽然不易理解，但也因此存在着许多改进的机会。D. G. Reinertsen[17]使用了一种比较简单和直观的量化方法对 FFE 进行了分析，其内涵是 FFE 过程结构应根据特殊情况的基础经济有所不同，同时也表明没有一个通用方法对 FFE 进行优化。A. Khurana 和 S. R. Rosenthal[3]在对 11 家企业进行调查的基础上，分析了前端过程效果的改善状况，并指出产品战略、计划周详的投资、便捷的组织结构、清晰识别的顾客需求、明确定义的产品概念、项目计划等集成的失败将严重阻碍新产品开发。S. A. Murphy 和 V. Kumar[83]给出了对集成电路板业 15 家企业 53 个项目的调查结果，其研究运用 Cooper“开发前”模型（包括创意生成、产品定义和项目评估阶段），探察实际活动，并发现每一个阶段在达到阶段目标方面起关键作用的特殊活动。Susan E. Reid 和 Ulrike de Brentani[84]概括出一个更加详细和理解性的方法来理解前端间断性创新的决策过程的本质。他们认为，用于处理模糊前端的方法多适用于企业的渐进性创新。对于渐进性新产品，展现在组织面前的是结构化问题和时机，对信息收集也很直接。而在间断性创新情况下，模糊前端阶段的信息搜索等相关问题是非结构化的和个人水平上的。为了处理间断性新产品开发模糊前端特定和复杂的决策本质，这个过程体现在三个方面的决策上：边界、看门人、项目。每一个决策间的不同在于决策的本质：在边界和看门人界面，主要的推动力是个人水平上的决策；在项目界面，决策发生在组织水平上。下面将介绍前端新产品开发的定义、模型和分析方法等。

4.1.1 新产品开发前端的定义及特点

(1) A. Khurana 和 S. R. Rosenthal 模型[3,4]

A. Khurana 和 S. R. Rosenthal 从两个方面说明相关 FFE 的成功因素。一是基础要素（Foundation Element），二是特定项目要素（Project-specific Element）。这样区分的重要性在于二者需要不同的工作技巧和水平。如果没有充分的基础要素，产品和项目成功就有问题。特定项目集中在单个项目，需要项目团队的努力来确保产品定义和项目计划有效，包括产品说明和评估、产品定义和项目计划。由特定项目活动可以产生清晰的产品概念、产品及市场需求定义、开发计划和进度计划、项目资源需求估算等。基础要素则需要企业支持、高层管理支持及交叉功能努力，包括产品战略、计划好的新产品投资策略、适合新产品开发并具备良好通信的组织结构、交叉功能责任共担等。

FFE 范围包括从创意生成到其被建议开发或取消为止整个过程，最详细的模型定义如图 4.1 所示，FFE 流程包括产品战略和通讯、机会识别与评估、创意生成、产品定义、项目计划、经理审核等。阶段 0，第一次半正式地遇到一个时机时，企业将开始进行分析，如果新定义的时机值得探究，则企业会召集一个小组(包括供应商)

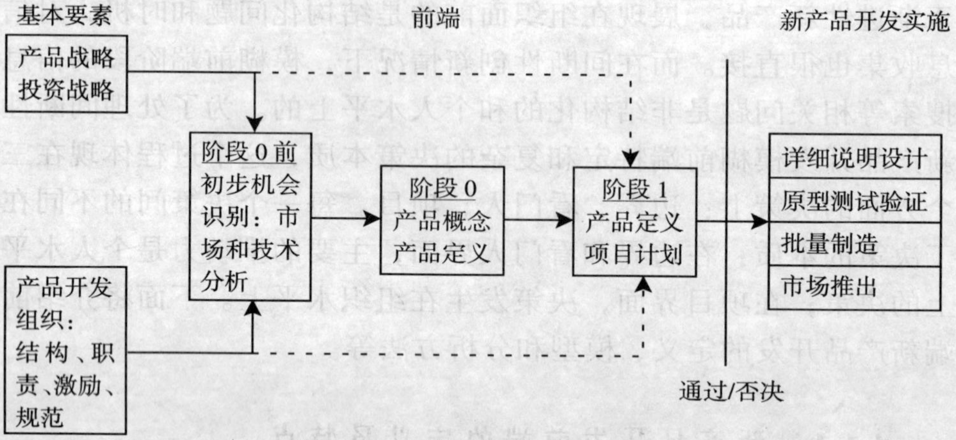

图 4.1　新产品开发前端模型

进行产品概念和定义工作；阶段 1，企业评估新产品的经营和技术可行性，加强并确定产品定义，计划新产品开发项目。

阶段 0 前的“机会”是指企业或个人所意识到的某个业务和技术的预想将来与现存情况的差距，以便更好地捕捉竞争优势、响应挑战、解决问题及改善困境。

阶段 0 的“产品概念”是识别与确立顾客需求、市场区划、竞争状况、经营愿景等，并与现存的经营和技术计划相匹配，是一个包括书面的和可视化的描述，并定义完善的形式，有形产品，可以通过不算昂贵的三维模型来表达。早期目标——产品成本、产品绩效、项目成本和市场响应时间等——可以产生不同的产品概念供领导选择。

阶段 0 的“产品定义”，是关于目标市场、竞争优势、新产品市场引入时间和资源的更加详细的产品概念及综合评判。定义活动包括顾客和用户需求识别和规范化，结果将选定产品特征和功能、目标市场区划、设计优先权等。研究表明，清晰稳定的产品定义，对顾客需求、技术、资源/成本等约束均衡的理解是新产品成功的重要因素。

阶段 1 的“项目计划”包括项目优先权和任务、主进度安排、项目资源需求及其他支持信息等。前端将在这个阶段的末端完成。图中还表明新产品开发实施的几个阶段：详细说明和设计、原型测试和验证、批量制造及市场推出。

A. Khurana 和 S. R. Rosenthal 模型是一个很好的结构化和可视化前端活动、减少模糊性和方便通信的工具，但另一方面其缺点是缺乏柔性。

（2）Peter Koen 和 Greg Ajamian 模型[56]

Peter Koen 和 Greg Ajamian 在寻求对 FFE 通用表达时设计了如图 4.2 所示的 FFE 新概念开发模型，提供了对 FFE 关键活动的通用定义和理解。模型图示含义如下：

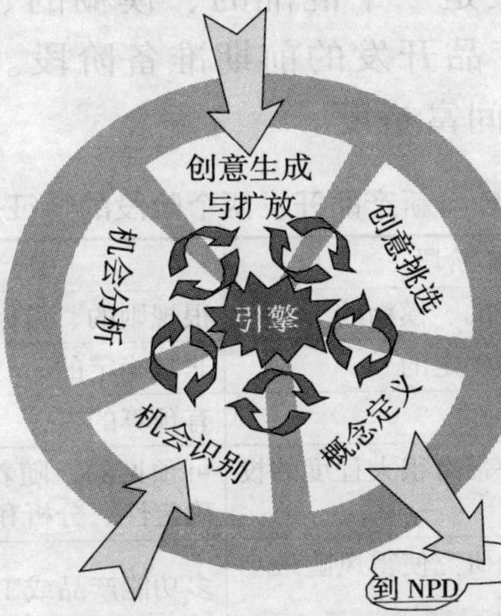

图 4.2 新的概念开发模型

①靶心部分包括组织的领导关系、文化氛围及经营战略，是企业实现五要素控制的驱动力量，是模型的引擎。

②内部轮辐域定义了 FFE 的五个可控的活动要素（机会识别、机会分析、创意生成与扩放、创意挑选、概念定义）

③影响因素有组织能力、外部环境（分销渠道、法律法规、

政府政策、顾客、竞争对手、政治与经济气候)、开放内外部科学背景等。这些因素影响着通向商业化的全部创新过程，而且是企业无法控制的。

④指向模型的箭头表示起点，即项目从机会识别或创意生成与扩放开始；离开箭头表示如何从概念阶段进入到产品开发阶段或技术阶段流程。

⑤循环箭头表示五个关键要素活动中间的反复过程。

(3) FFE 阶段特点

由图 4.1 及图 4.2 可以看出 FFE 的内容及其组成关系，表 4.1 则通过与新产品开发阶段的对比，分别给出了两者在工作状态、通信数据、筹资、期望收益、组织活动、程序控制等方面的特征差别，说明 FFE 阶段是一个混乱的、模糊的、不确定的、变化的、具有潜能的新产品开发的前期准备阶段。从中也可以预想 FFE 阶段的难度与时间富裕度。

表 4.1 FFE 与新产品开发两个阶段的特征差别[56]

比较项目	FFE 阶段	新产品开发阶段
工作状态	试验性的、混乱的、模糊的	很规则的、目标明确的、有项目计划的
通信数据	不能预测的、不确定的	非常确定的
筹资	变化的	有预算的
期望收益	通常不确定，并带有很大程度的投机性	可预见的，随着产品投产日期的接近，确定性、分析和档案日益增强
组织活动	个人和团队导向研究使得风险最小化、潜能最优化	多功能产品或工艺开发团队
程序测控	强化产品概念	里程碑式的成就

4.1.2 模糊前端成功因素与问题

FFE 成功因素和问题分别见表 4.2 和表 4.3。

表 4.2 FFE 的成功因素

活 动	成功因素
产品战略	新产品开发与战略产品定位的战略结盟；产品定位；新产品资源计划的有效性与风险平衡
产品定义	早期明确的说明；初步市场和技术评估；详细顾客需求分析；产品特征优先权；改变定义的认知需求
项目定义	项目优先权；资源分配计划；技术/市场权变计划
组织任务	项目管理者的任务；新产品开发团队组织；组织间通信

表 4.3 相关 FFE 的通常新产品开发问题

活 动	问 题
产品战略	项目不能优先权化，且有太多“宠物”项目（Pet，如“鸡肋”）；不能确定产品是否符合企业战略；新产品非法开发；新产品开发项目没有进行优先排序
产品定义	不完全的产品定义：持续变化的需求（产品特征和技术模棱两可）；重新说明的误差；不明确的技术：实验不成功；不确定性：关键路径技术；市场/顾客需求：没有进行市场评估；评估不充分：用户需求不明确
项目定义	项目目标不清晰：目标均衡决策困难；太多“宠物”项目，松散的判定；缺乏关键资源：合适人选没有被分派到关键项目中去；项目选择没有考虑到新产品投资前的委托事项；缺乏权变计划：没有风险技术的支持措施
组织任务	任务没有提前澄清：不同子系统间接口不好，如产品分销和供应问题；执行顾问没有发挥领导作用：新产品开发团队成员缺少方向，不能对产品作出相应变化

4.2 模糊前端定量研究模型

FFE 作为新产品开发过程中开发的初始阶段，通常因使用一种定性的术语而相对不好理解，并且定量分析可能会更加困难。D. G. Reinertsen 使用一种比较简单和直观的定量化方法对 FFE 进行描述，并认为没有一个“最好方法”优化 FFE 阶段[17]。

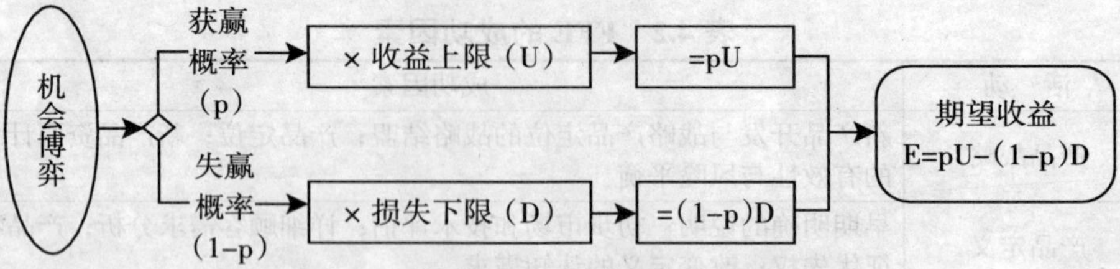

图 4.3　新产品机会博弈的期望收益

D. G. Reinertsen 幽默地认为 FFE 是一个打赌的过程。在这个阶段后期，对新产品开发投资是盈利和风险并存。依照此看法，FFE 则把经济上的词汇——博弈置于新产品开发中。如图 4.3 所示，期望收益不仅依赖于成功的概率，还依赖于收益和损失的幅度。根据这一观点，可以使用三个关键的性能度量标准对 FFE 进行评价，这三个标准是：筛选一个机会的花费（Expense）、筛选一个机会的时间（Time）和筛选过程的效果（Effectiveness）。值得注意的是，这三点包含着四种情况，并有两类可能的误差：拒绝一种好的创意或者接受一种不好的创意。对于不同的公司，实际成本结果也将不同，即如果有过量好的创意，拒绝一种好创意几乎没有实际成本；而接受一种不好的创意则会浪费需要经过下一个检测点的投资。如图 4.4 所示，Ngi、Nbi、Pgi、Pbi、Nai、

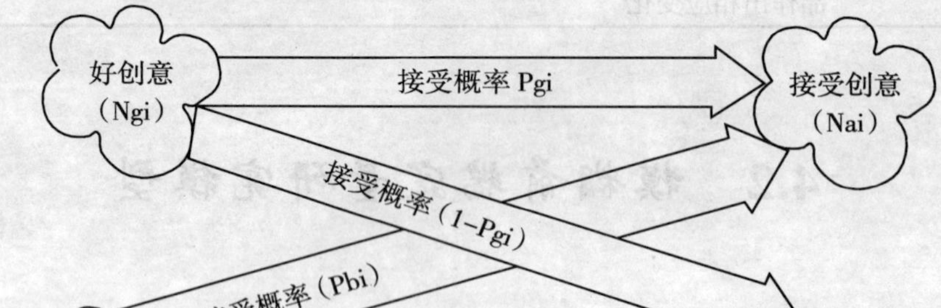

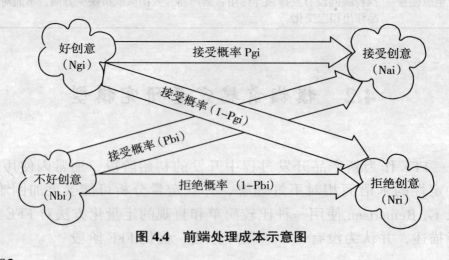

图 4.4　前端处理成本示意图

Nri 分别为好创意数目、不好创意数目、好创意接受概率、不好创意接受概率、接受创意数目和拒绝创意数目。假设：

①每一个项目到下一个检测点需要增加费用 Ea = ¥200000

②每一个项目延迟一个月的成本 Cd = ¥100000

③处理时间 Tp = 6（月）

④每一个创意的筛选成本 Ts = ¥5000

⑤Ngi = 50；Nbi = 100；Pgi = 20%；Pbi = 2%

则有：Nai = 12；Nri = 138；全部筛选费用 Esa = 150 × ¥5000 = ¥750000；下次无效筛选 Ei = 2 × ¥200000 = ¥400000；全部延迟成本 Cda = 10 × 6 × ¥100000 = ¥6000000；全部处理成本 Cpa = Esa + Ei + Cda = ¥7150000。

一旦前端的经济性得到了理解，就可以实现优化。例如，如果双倍致力于拒绝坏的创意，则只有一半坏的创意逃成，结果当然节约了成本。如果在筛选创意时更有效，筛选花费就会降低。增加 FFE 的速度处理减少处理时间，同样能够省钱。这项工作的价值是制定更好的过程设计决策。D. G. Reinertsen 使用这种定量框架讨论了八个策略：

①新产品开发必需成功率。这里须说明的是，新产品开发项目需要一定的成功率，而不是全部都是最高成功率。例如过去的医药业，很多公司使用高成功率的策略（即只对成功机会最高的创意投资），这种做法不一定能够得到更高的回报。定量分析表明有两种情况值得企业参考，其中一种情况就是可选项目的成功率虽然低一些，但可选项目数越多，成功机会就越大，且成功收益高得足以补偿发展额外项目的附加成本。

②过滤器的数量。增加筛选过滤器的数量将减少不好创意的下放机会。然而，实际上禁止不好创意通过的单个过滤器所需要的延迟花费，可能会大于在那些不良创意的小部分投资。如果情况如此，过滤器成本会超过利用它得到的收益。

③过滤器的布局。筛选过滤器的摆放有串行和并行两种。假设：有两个过滤器 F_1 和 F_2，两者的过滤成本分别为 C_{f1} 和 C_{f2}，滤除比例分别为 P_{f1} 和 P_{f2}，关键路径上延迟时间分别为 T_{f1} 和T_{f2}，且每一个项目每单位时间的延迟成本为 Cdt，筛选费用为 ES，延迟成本为 CD，创意数目为 Ni。则有：串联总成本 $Ctts = ES + CD = Ni\ (E_{f1} + P_{f1} \cdot E_{f2})\ + Ni \cdot P_{f1} \cdot P_{f2}\ (T_{f1} + T_{f2})\ Cdt$；并联总成本 $Cttp = ES + CD = Ni\ (E_{f1} + E_{f2})\ + Ni \cdot P_{f1} \cdot P_{f2} \cdot Max\ (T_{f1},\ T_{f2}) \cdot Cdt$。筛选花费高而延迟成本低时，串行筛选很有意义，否则，并行筛选更好。D. G. Reinertsen 认为，“浪费时间有时比浪费金钱更昂贵”。

④过滤器的顺序。通常，先放的应是便宜且拒绝率高的过滤器。变更过滤器的顺序能在很大程度上提高筛选过程的效率。由串联总成本公式可以看出 $ES = Ni(E_{f1} + P_{f1} \cdot E_{f2})$ 会因过滤器顺序的不同而有所变化。如果 $P_{f1} = P_{f2}$，$E_{f1} = E_{f2}$，则过滤器的顺序可以保持不变。但风险投资者们同样知道这其中的道理，会先把注意力集中在高风险区域，一般就不会使用固定不变的顺序。

⑤过程流速的大小。考虑机会太多可能会引起问题。那些建立敏感的步骤顺序的经理们仍然不能保证整个过程的效率，原因是他们没能很好地控制机会流速。实质上，仅是因为没有注意流速匹配问题，不同拓扑结构前端流程效果的差别将会非常大。

⑥过程队列的大小。如果周期时间昂贵，过程队列的长短则显得特别重要。例如，计算机游戏这样的产业，当等待足够的资源通过，一个时机就会变得陈旧。队列的长短决定了流程的周期，因此应该不断地监视并动态调整，从而控制队列。

⑦过程队列的流量控制。很多公司首先使用“先进先出”的流程策略，但效率不高，体现在管理可以选择工作在每个队伍内经营的顺序。延迟费用一定要考虑，并且延迟费用最高的创意需要被首先列出。优先权机制的使用能够提高重要机会加速通过的流程效率。

⑧过程的批量大小。很多规划过程有太大批量。企业需要检查规划过程时间的长短。通过变更，从每年到每季度，可以削减每个项目的平均延迟时间，计划处理会更有效率。类似地，资金全部或者没有一个为提供资金推选每个决定为高赌注项目上的。提供的分段资金会降低每个决策的风险，因此也降低了失败的结果。

D. G. Reinertsen 从定量化的角度对新产品开发的 FFE 阶段进行了分析，从公式和模型中可以看出 FFE 阶段应该采用的部分策略。但 FFE 阶段的关键路径上不仅是过滤器的放置或机会的控制，FFE 有创意、概念、定义等几个阶段，FFE 仍然可以进一步量化和抽象。下面介绍笔者对 FFE 阶段信息处理的分析。

4.3 模糊前端阶段信息处理的分析

物料需求计划（MRP）确定了各生产车间的零部件投入的出产计划，并将全厂的生产计划变成了车间的生产任务。车间需要将零部件出产计划转变成为车间作业计划，并将车间生产任务转变为各个班组或工作地的任务。编制车间生产作业计划需要解决工件的加工顺序问题——排序策略[170]。研发阶段，由产品构思产生产品创意，由创意转化为产品概念和定义，然后根据产品定义编制项目计划。有了项目计划，就可以安排新产品的试制、测试、试用和推出等。在 FFE 阶段，产品的构思、创意、概念和定义等都是以信息媒体形式存在的（图文档）。信息媒体在人和网络流动的过程就像工件在车间的不同设备上流动的情况一样，这是一个信息量逐渐清晰的过程，也是一个信息分类量逐渐减少的过程（由杂乱无章的很多创意到比较清晰明确的几种新产品定义），类似于物流的自底向上的装配收敛过程。车间里一台机床需要加工多个、多种工件，一个车间有许多机床，这样就存在着设备利用率和工件流动率问题，解决和平衡这两个问题需要依靠排序策略。多个创意需要进行不同层次的多指标（包括定性和定量）的检验和过滤，而检验和过滤的人和计算机的利用率及信息向下流动的效率同样也需要优化和平衡，同样可以运用排序策略。找到了信息加工与工件加工的相似点，也需要区分两者的不同之处，表 4.4 列出了两者的区别。

表 4.4　物质与信息件处理状态比较

不同点	有形产品的工件	NPD 前端的虚拟工件
存在形式	构成有形产品物质形态	图文档形式的信息形态
直接施与加工者	机器	人或计算机
直接施与加工者归属	企业内部	企业内部或包括外部
加工变化	变化（材料的增加或减少）	可以不变化（如仅仅是过滤）
加工后数目	或减少或不变	或减少或不变或增多
主要处理费用	车间费用（人、水、电、油等）	人工费用（计算机略而不计）
前后加工点间的距离	加工点之间距离相对静止	加工点距离的动态调整

4.3.1　一个加工处理点情况下的比较

为了方便起见，将 FFE 阶段的信息块称为“虚拟工件”。如图 4.5 虚拟工件与工件的处理和加工所示，可以看出虚拟工件与工件的处理与加工的不同输出情况。假设有两个工件和两个虚拟工件。图中 (a) 表示工件 1 和工件 2 经过加工后的两种情况：①互不影响，各自独立向下进行；②组装或叠加成一个工件。因此，车间工件加工过程是一个数目收敛的过程。图中（b）表示两虚拟工件经过处理后有四种情况：①全部过滤掉；②将虚拟工件 2 过滤掉，剩下虚拟工件 1；③剩下虚拟工件 2；④虚拟工件 1 和2 合并成一个创意或概念；⑤经过处理，虚拟工件保持独立不变；

⑥创意扩放，虚拟工件 1 和 2 可能生成 3 个或更多新的虚拟工件。必须说明的是，这里讨论的虚拟工件是单个信息（一个虚拟工件代表一个创意或一个概念或一个定义等），如果将一项任务（包含多个产品创意、概念、定义等）指定为一个虚拟工件，其处理情形与实际车间工件加工更具相似性。以下讨论的虚拟工件情况，如果没有特殊说明则是指一项任务。

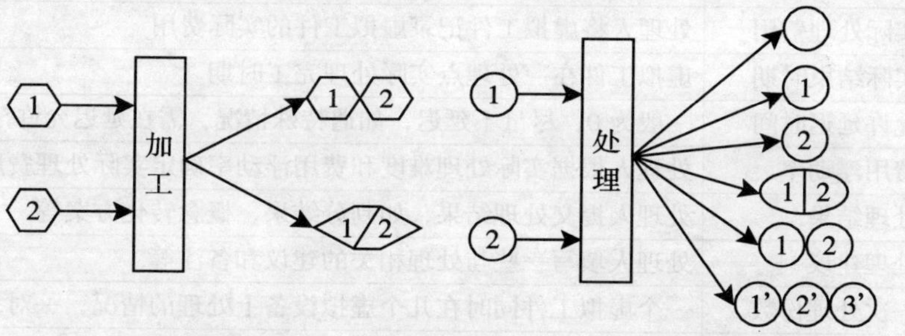

(a) 工件加工　　(b) 虚拟工件处理

图 4.5　虚拟工件与工件的处理和加工示意图

4.3.2　单加工点的虚拟工件处理：个人工作排程

虚拟工件的直接加工者有人和计算机两种，因为计算机高速度、大容量的特性，几乎可以认为计算机处理不占用时间，其等待几乎为 0，故在此不考虑计算机加工情况，只讨论“人”对信息处理的情况，即仅把“人”视为虚拟设备。如果考虑多虚拟工件对应单人的情况，则类似于排序策略里面的单台机床排序问题，因而排序问题变成了个人工作的排程问题。个人排程的目标是：时间短、成本低、质量优。与车间工件讨论假设不一致的地方是，这里一个人可以同时处理两件事情，比如，日常事务可以委托助手代办，或外托他人办理；另外，一个虚拟工件也可能同时在多个虚拟设备处加工，如专家评分等。

(1) 信息参数

表 4.5 虚拟工件与虚拟设备（人）参数

参数		作用
虚拟工件	预定处理时间	根据经验或大致确定虚拟工件的处理时间
	预定处理费用	根据经验或大致确定虚拟工件的处理费用
	预定结束时期	虚拟工件在一处理点预定处理完工时期
	实际处理时间	处理人将虚拟工件记录虚拟工件的实际时间
	实际处理费用	处理人将虚拟工件记录虚拟工件的实际费用
	实际结束时期	虚拟工件在一处理点实际处理完工时期
	允许延迟时间	一般为 0，尽量不延迟，如遇特殊情况，需在延迟允许范围内
	费用浮动率	处理人根据实际处理难度和费用浮动率确定实际处理费用
	处理结果	处理人提交处理结果，如判分结果、概念转化方案等
	处理建议	处理人填写一些与处理相关的建议和备注等
	一次处理份数	一个虚拟工件同时在几个虚拟设备上处理的情况，一对多
	一次处理分号	一个虚拟工件同时在几个虚拟设备上处理的情况，一对多
	处理级别	虚拟工件除费用外的额外权重，高级别必须处理，且不能拖延
	最后结束时期	决定虚拟工件处理结束时期
	最早开始时期	记录虚拟工件处理最早可能时期
	最后处理结果	处理结果的综合
时程	时间点	工作时程的时间轴参数（t）
	处理工件	需要处理的虚拟工件，可以是多个工件在统一时间段或重叠时间段处理（外托或代办）
虚拟设备	专业方向	虚拟设备主要处理的虚拟工件范围
	特长、爱好	除专业方向外，虚拟设备可以处理的事务
	职称	虚拟设备的大致等级
	工作地	可以不拘泥于本企业或本地方的人才
	其他	其他的信息，如学历、工作经历、家庭状况等人事信息

(2) 个人工作排程依据

个人工作排程依据是处理费用和处理级别。一般来讲，人——虚拟设备，都会有自己的日常工作，不论是职能部门，还是委员会，或是企业外的专家等。这里的思想是弱化等级制度，避免一事多主的状况。当事人只关心处理费用和处理级别，不对项目经理有任何义务，也没有职能部门经理的约束。

（3）虚拟工件的插入程序

①虚拟工件传递到虚拟设备，虚拟设备根据处理费用和处理级别决定是否先预接受；

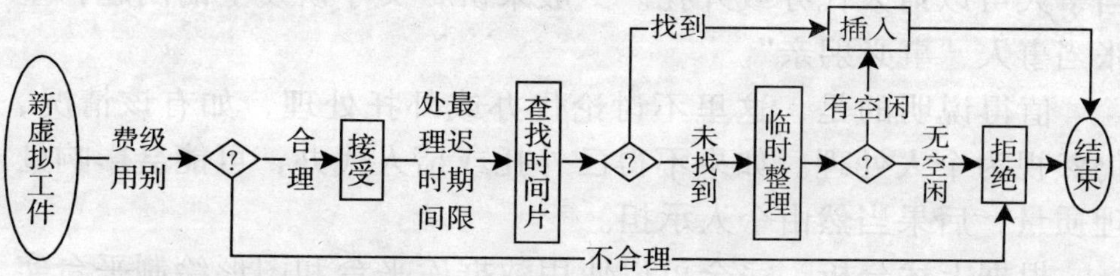

图 4.6 虚拟工件插入程序

②如果费用合理或级别较高，预接受待查，否则拒绝；

③对于预接受的虚拟工件，根据处理时间和最迟期限进行工作时程的时间片查找，如找到，则插入虚拟工件，否则进行临时整理；

④经过临时整理后，如果有空闲时间片，进行插入，否则拒绝。当然，虚拟设备也可以根据自己情况直接拒绝。

（4）工作程序的整理

因为虚拟工件不断地插入，会产生一些时间碎片，造成一定时间资源的浪费，像计算机磁盘的碎片一样。进行虚拟设备时程整理的目的就是尽量减少或消除碎片，以便充分利用时间。下面是时程整理的两种可能情况：

①正常情况下，没有新的虚拟工件进入，则根据人的主观性进行定期或不定期的整理，使得日程变得更加合理。原理是首先确定特殊虚拟工件处理条件的成熟期；其次，将不能拖延或级别较高的虚拟工件尽量前移；最后，进行时间片优化，将剩余小片累积成大片（并注意费用和级别两个策略的运用），尽量使能够

拖延的虚拟工件提前，或为新虚拟工件的插入做准备。

②当新的虚拟工件到来时又找不到合适的时间，就需要进行临时整理，以压缩出大小合适的时间片，对于较高级别，可能需要将可以延期的虚拟工件延期至最迟完工时期前。如果时程太满，可以考虑极端的情况，同时处理。这里与假设违背的情况是当事人可以请人代办或外托。一般来讲，关于研发上的问题，主张当事人“事必躬亲”。

值得说明的是，这里不讨论代办或外托处理，如有该情况，仍然视为个人处理。如果不得已外托或请人代办，可能会影响处理质量，后果当然由个人承担。

根据上述分析，完全可以使用数据库平台和图形绘制平台实现个人工作的排程。数据库实现参数数据的存放、查询和优化，绘图平台实现排程的直观显示和调整。这不仅能够提高参与研发人员的工作效率，减轻他们的工作强度，压缩 FFE 周期，而且个人工作排程软件对于一般领导或办公人员也有很大的帮助。

4.3.3 多加工点的虚拟工件处理

虚拟工件或工件经过多个处理点，便形成了局部的物流和信息流。图 4.7 表示简化的虚拟工件加工流程，创意经过过滤（如市场和技术的不确定性）后，接着进一步将其转化为产品概念，产品概念仍然要经过过滤，并转化为产品定义。明确了产品定义后，便可以着手编制新产品项目计划，进入产品开发的后续活动。图中创意与概念之间和概念与定义之间，都设有两级过滤器

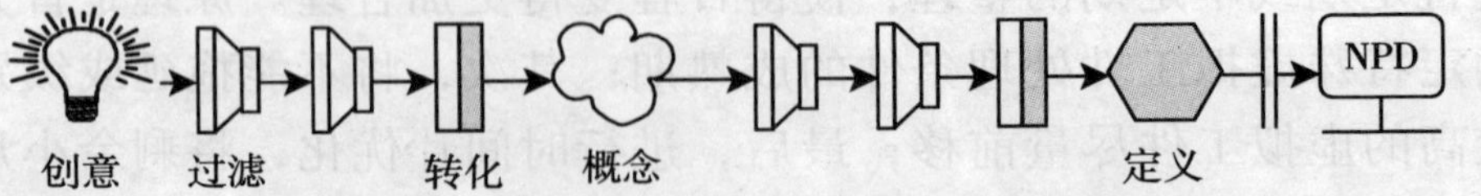

图 4.7 前端信息（虚拟工件）加工示意图

及一级转化器，实际情况下过滤器和转化器或多或少。

（1）虚拟工件对虚拟设备的选择

以上讨论了虚拟工件单点处理的情况，其中虚拟工件进入虚拟设备日程的过程也是虚拟设备选择虚拟工件的过程。虚拟设备可以对虚拟工件做出选择，如果费用和时间不合理就可以拒绝处理（对于级别高的特殊情况，需要特殊考虑）。

在编排虚拟工件处理流程时，需要根据经验和具体情况确定虚拟工件预定参数（见表 4.1），然后，查询虚拟设备信息和其时程信息，对虚拟设备进行有方向的选择。如果拒绝，继续调整，重新查找，直到满意为止。

（2）多加工点处理假设

①虚拟设备是真实的，定性处理的预定专家和技术员是其本人，定量数据来源要尽量真实。

②虚拟设备有同序和非同序之分，这样的假设是针对虚拟工件同时通过多个虚拟设备处理的情况的可能性，且处理性质相同。

③虚拟工件包含的信息需要有一定的专业知识方向，尽量使两虚拟工件之间有所区别。

④虚拟工件指定的是一项信息加工的任务。

⑤所有参与同一工序的人员和计算机可以被定义为一台虚拟设备（如图 4.7 中的过滤器与转化器），这样在整体上避免了一个工件同时在几台设备上处理的情况。

⑥虚拟工件处理工序一定，如图 4.7 所示。

（3）处理周期计算及虚拟工件排序

从单条记录信息的虚拟工件走向任务虚拟工件层面，考虑到多个任务在流程上运动时，便会遇到先后排列问题。根据陈荣秋教授[170]的研究及前述假设，FFE 阶段的信息处理可以归属于流水线车间排序问题——$n/m/P/F_{max}$，其中，n 为虚拟工件数，m 为虚拟设备数，P 代表流水车间排列排序问题，目标函数 F_{max} 指最长流程时间最短。

最长流程时间又称为“处理周期”，是指从第一个虚拟工件在第一个虚拟设备开始处理，到最后一个虚拟工件在最后一个虚拟设备上完成处理所经过的时间。假设所有虚拟工件的到达时间皆为零（$r_i = 0$，$i = 1, 2, \cdots, n$），即得 F_{max} 等于排在末位加工的工件在“虚拟车间”的停留时间，也等于一批虚拟工件的最长完工时间（C_{max}）。

设 n 个虚拟工件的处理顺序为 $S = (s_1, s_2, \cdots, s_n)$，其中 s_i 为排在第 i 位处理的虚拟工件的代号。以 $C_{k(S_i)}$ 表示虚拟工件 s_i 在虚拟设备 M_k 上的完工时间，P_{S_ik} 表示虚拟工件 s_i 在 M_k 上的处理时间，$k = 1, 2, \cdots, m$；$i = 1, 2, \cdots, n$。则可以按照下面公式计算 $C_{k(S_i)}$：

$$C_{1(S_i)} = C_{1(S_{i-1})} + P_{S_i1} \tag{4.1}$$

$$C_{k(S_i)} = \max\{C_{k-1(S_i)}, C_{k(S_{i-1})}\} + P_{S_iK}, \; k = 2, 3, \cdots, m; \; i = 1, 2, \cdots, n \tag{4.2}$$

且当 $r_i = 0$；$i = 1, 2, \cdots, n$ 时，有 $F_{max} = C_{m(S_n)}$。

详细的举例计算请参见［170］，该文献讨论了 $m = 2, 3$ 两种情况的排序方法，并指出 $n \geq 3$ 的一般的流水车间排列排序问题，可使用分支定界法。因为信息处理工序及任务有限性，完全可以利用计算机进行穷举法，按照上述递归公式计算 F_{max}，然后取最小值。

将信息处理抽象为有形工件加工的思想，为将来信息量化处理过程提供了新的思路，并在理论上将新产品开发的全部阶段统一起来，也统一了企业的研发、制造、营销和服务等全部经营活动。在 2005 年的文献上有类似研究。Mohammad Z. Meybodi[48] 通过 500 个企业样本数据将 JIT 制造阶段与并行新产品开发阶段进行了比较分析，发现两个阶段在很多方面有相似或相同性，对比如表 4.6 所示。这里强调的是新产品开发并行性思想，而不是早期顺序型开发。同时也说明并行新产品开发阶段本身含有 JIT 思想，如果更进一步明确化运用，可以进一步提高新产品开发效果和效率。Mohammad Z. Meybodi 统计结果显示，成功 JIT 机制组织能够以 61%的开发时间、45%的开发成本、36%的制造成本开发出67%的好质量的新产品。

表 4.6 JIT 制造与并行新产品开发的比较

比较要素	JIT 制造	并行新产品开发
布局方式	成组技术/单元制造	项目/设计团队
过程和信息流	双向流：向下物流/向上信息流	并行活动：团队成员间双向信息流
安装/转换时间	短	短
批量大小	小	小（信息批量）
质量	资源质量早把关，持续性质量提高，少返工	设计质量问题早检测，持续设计跳高，少重新设计
库存	低	低
制造/开发成本	低	低
提前期	快速交付	短开发时间
顾客中心/市场响应	快速响应	快速响应
计划	本地团队控制，团队负责制	本地团队控制，团队负责制
决策	制造团队	设计团队
员工参与/授权	高	高
供应商参与	信息共享程度高，是质量伙伴	产品开发参与程度高
技术	集成系统，过程简化后的新技术	集成化的 CAD、CAE、CAM
增值性	高	高

5 顾客需求分析与管理

本章在阐述现代管理中顾客重要性及顾客需求管理现状的基础上，分别从顾客需求科目表建立、顾客需求来源分析、顾客需求信息的综合利用、顾客需求管理的软件实现等方面对顾客需求的分录与分析方法进行了研究。顾客需求分录与分析方法是提倡现代企业更多重视与顾客的交流，深入了解顾客需求，能够像重视财务那样重视顾客需求，并像财务处理那样进行顾客需求处理。这样获取的数据将会更加精确，既有助于准确理解顾客需求，又对企业研发创意的提取、市场状况分析、企业战略决策有着重要意义。

激烈的竞争、快速变化的市场和复杂而挑剔的顾客使得企业认识到顾客在整个经营和商务环境中的中心地位。顾客是企业的血液和氧气，顾客是企业赖以存活的源泉，顾客是企业的生命。企业不仅要做好顾客中心的营销和服务，而且要将顾客请到研发和制造当中来，这已是企业维持持续竞争优势的重要因素。

进入 Google 中文主搜索页面（http：//www.google.cn），再进入“更多……”超级链接，就可以发现如表 5.1 所示的功能，包括核心搜索服务、现代移动服务、分享与沟通服务等。搜索引擎服务使 Google 成为互联网领域内一颗璀璨的明星，一路走来,一路创新领先拓展，俨然一位互联网服务的领航者。Google 的成功因素有很多，然而不断快速地开发新产品则是其生存和快速发展的核心动力。除了自身研发团队外，Google 利用网络优势，特开设探索与创新栏目，积极吸纳网络用户及广泛网民参与。“Google 实验室展示了一些我们喜欢但还没有完全成熟的构思。您的反馈意见将有助于我们改进想法。请试用这些原型产品，并将您的意见直接发送给这些产品的开发人员”；“Google 实验室是

表 5.1　Google 当前提供的网络服务

类别	功能	说　明
搜索服务	大学搜索	搜索特定大学的网站
	地图	查询地址、搜索周边和规划路线
	工具栏	为您的浏览器配置搜索框，随时 Google 一下
	快讯	定制实时新闻，直接发至邮箱
	图片搜索	搜索超过几十亿张图片
	图书搜索	搜索图书全文，并发现新书
	网页目录	按分类主题浏览互联网
	网页搜索	搜索全球上百亿网页资料库
	网页搜索特色	计算器、股票查询、英汉互译等搜索小窍门
	学术搜索	搜索学术文章
	桌面搜索	搜索您的邮件、文档、MP3 等各式文件
	资讯	阅读、搜索新闻资讯
移动服务	移动服务	手机使用各项 Google 服务
探索与创新	Google 实验室	各种创意与想法、产品模型和试验的演练场
分享与沟通	翻译	查看、翻译其他语言的网页
	论坛	交流、讨论和分享
	日历	在线建立日程、管理活动，和他人分享行程
	照片管理软件	查找、编辑和管理计算机上所有照片和图片
	文件	在线建立、撰写、储存和分享您的文档与电子表格
其他语言产品（默认为英语）	Blog Search	从博客文章中查找您感兴趣的主题
	Code	下载 API 应用程序编程接口及开放源代码
	Co-op 及 Custom Search Engine	集众人专长，专门领域的搜索引擎
	Finance	商业信息、财经新闻、实时股价和图表
	Patent Search	美国专利信息全文查询
	SketchUp	3D 绘图软件，在电脑上进行建筑设计

为 Google 工程师和有探索精神的 Google 用户开设的演练场。喜欢奇思幻想的 Google 员工将他们的原型产品放到 Google 实验室并征询关于技术使用或改进的反馈意见。这些试验并不保证能成功登上 Google.cn，因为这其实是开发过程的第一阶段。我们邀请有探索精神的 Google 用户试用任一或所有在这里的原型产品，并将他们的意见直接发送给开发这些产品的 Google 人员。”（Google 实验室栏目主页）。

百度（http：//www.baidu.com）也是一个大家常用的搜索引擎，然而在其主页的“更多”的超级链接里，就没有发现类似 Google 的实验室栏目。这或许是二者经营差别之一，也或许百度正在思考网民和顾客参与企业研发的方式。

5.1 顾客的定义与地位

顾客是企业的生命。企业想在当今竞争激烈的市场环境中获胜，必须首先确定顾客的需求，然后生产产品和提供服务来满足顾客需求。美国企业经历了经营哲学和经营方向的诸多变革，这些变革的产生使企业最终认识到生产经营必须以顾客为导向。以产品为核心的生产观念在物质和精神都比较丰富的知识经济时代的市场竞争中，必然要被以顾客为中心的经营理念所取代。新的市场营销观念重点放在顾客需求上，先确定顾客需求，后生产和分销；管理层以利润为导向；计划是根据新产品、将来的市场和未来的增长做出的长期计划[167]。富特雷尔还直接而深刻地描述顾客：

顾客是什么？

- 顾客是任何生意中最重要的人
- 顾客不必依靠我们，我们必须依靠顾客
- 顾客的光顾不是对我们工作的打扰，而是我们工作的目的
- 顾客与我们做生意，是在帮我们的忙；我们为顾客服务却不只是帮顾客的忙
- 顾客是企业的一部分，而不是局外人；顾客是有感情的，应该尊敬他们
- 顾客是带着需求来到我们面前的人，我们的工作就是满足他们的需求
- 顾客是每一个企业的生命线；顾客给你支付工薪，没有顾客，企业只有关门
- 永远不要忘记顾客

魏斯曼管理模式将“始终如一的顾客取向”列为企业成功五要素的第一位（其他四要素：执行的坚决性、理念和价值、员工的整体性、持续的改善），认为这是“瓶颈中的瓶颈”[166]。如果能够说服顾客，销售产品和服务，企业何愁生存不下去。美国人彼得斯和奥斯汀在《赢得优势》中认为，顾客是一个机构中最重要的人物，不管是直接接触还是通信联系都如此。富特雷尔的描述也说明顾客比什么都重要，其[176]将顾客对企业的重要性归纳为以下几个方面：

①顾客创造市场，顾客是市场的第一要素，顾客不仅决定了市场规模、市场类型，还决定了市场命运、市场趋向。

②顾客创造利润，顾客是企业的“衣食父母”，是企业利润的根本源泉。

③顾客创造质量，顾客是产品质量的评判者、监督者，也是产品质量的创造者。

④顾客创造机遇，市场存在很多机遇，但创造机遇的不是别

人，而是千千万万的顾客，顾客掀起的一次次消费热潮，在市场里创造了一次次机遇。

5.2 顾客需求管理现状

顾客对企业很重要。企业在经营过程中必须以顾客满意度为中心，也就是通过优质的服务和产品满足顾客多方位的立体需求。而这一理念的前提是企业需要增进对顾客的深入了解和理解，并通过多种渠道收集和消化顾客的需求。所以，这里的顾客需求不单纯是与企业有现行买卖关系的顾客之声（Voice of Customer，VOC），还包括潜在顾客的看法及售后顾客的建议，甚至抱怨。顾客关系管理（Customer Relationship Management，CRM）是很好地解决这些问题的钥匙。如图 5.1 [152] 所示，顾客关系管理体系结构反映了许多现代技术在 CRM 中的应用，也透视出 CRM 的主功能是营销，同时还反映了企业新的以顾客为中心的管理模式。所以，对于顾客关系管理的理解主要有三类[118,119]：一是认为 CRM 是企业客户接入的技术整合系统；二是认为 CRM 是一种营销策略；三是认为 CRM 是一种以客户为中心的商业策略，可以促成公司重要原则的变化。综合起来看，第三种描述更为确切，通过使企业组织、工作流程、技术支持和客户服务都以客户为中心来协调和统一与客户的交互行动，达到保留有价值客户、挖掘潜在客户，赢得客户忠诚，并最终获得客户长期价值的目的。CRM 的目的就是要最大化企业的盈利率，其途径是通过客户认知（Customer Identifying）、客户识别（Customer Acquiring）、客户保留（Customer Retaining）来发现有价值客户并挖掘潜在的客户。而这一过程要辅之以相应的组织、流程和技术调整。

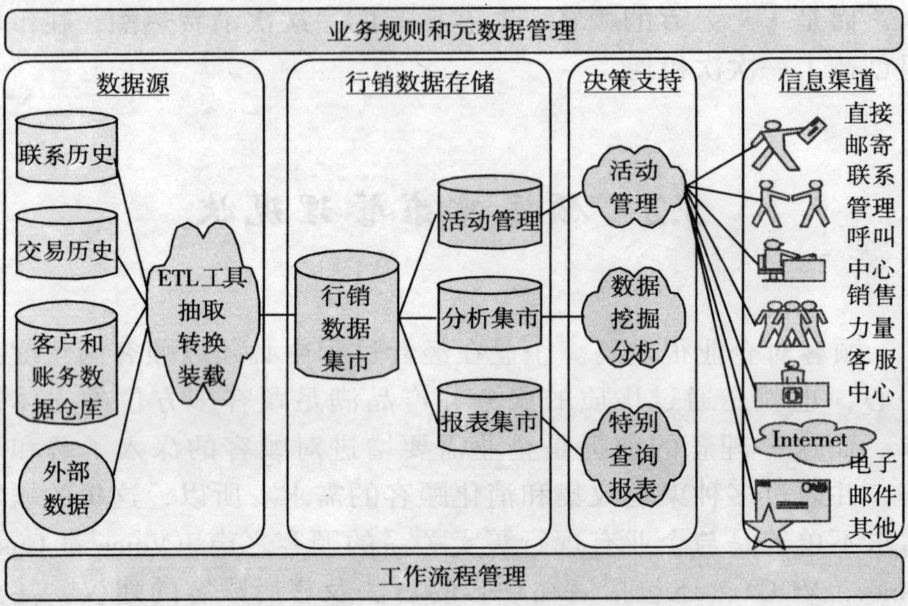

图 5.1 CRM 体系结构

通过良好的顾客关系管理，可以把握顾客需求，企业生产和服务便有了明确的目标，产品开发便有了明确的方向，销售变得轻松高效。然而，顾客需求多是零散而复杂的，而且是模糊的。顾客需求特征随着技术和社会发展经历了“大众营销个性化→大规模营销→个性化回归”的演变过程；现代顾客对企业需求表现出一定的层次性：了解企业产品和服务信息→需要企业帮助解决问题→接触企业人员→了解整个过程[231]。因此，企业如何能够全面整理和筛选顾客需求，并由此进行更加准确的分析，是现在企业面临的一个难题。

早期与顾客需求相关的管理方法是质量功能展开（Quality Function Deployment，QFD），由日本学者永野滋博士于 1973 年提出。其基本思想是，产品开发过程中所有活动都由顾客的需求、偏好和期望所驱动；通过“做什么”和“如何做”把顾客的需求、偏好和期望设计到产品和过程中去，从而使产品满足顾客的要求[108]。作为日本竞争的回赠，质量功能展开对美国汽车工业作出了很大贡献，理论中“质量屋”的概念最实用[153]。

相对来说，质量功能展开所考虑的顾客需求是集中而少量的，面对大量、复杂而日益变化的顾客需求，质量屋可能会力不从心；另外，质量功能展开主要是面向制造业，考虑如何将顾客需求融入到制造业的设计当中去。对商品流通行业，质量功能展开不适合。但信息技术的发展和互联网的出现改变了这一局面，顾客需求信息的收集、存储和顾客需求信息的统计、分析都得到了根本性的改观，最有说服力的是电子商务。通过互联网信息平台，企业可以方便地发布产品、服务信息，大量收集顾客需求信息，并进行及时有效的统计、分析，使得企业不仅能够实现网上营销，还可实现顾客参与产品流程中的不同阶段。在计算机行业，戴尔（Dell）计算机公司通过向顾客销售个人电脑，提供按订单生产系统，为其产品的顾客提供完善的售后服务，成功地将其直接面向最终用户的销售策略推向 Internet。戴尔公司已经成为世界上最大的计算机生产厂商，戴尔公司的网址（http：//www.dell.com）每周被顾客访问超过 800000 次，平均每天超过 400 万美元的收入是“通过网络得到的收入”[217]。

顾客需求管理，包括顾客需求信息收集和顾客需求信息统计及分析两大部分。企业对顾客需求的收集一般分类进行，因为有利于分析统计。具体如何分类，不同企业可能做法也不尽相同。科目分录分析方法可以作为当今企业大量、快速处理和消化顾客需求以加速新产品开发和产品营销的参考。

5.3 顾客需求的科目分录分析法

(1) 顾客需求科目表

顾客需求分录方法来源于财务会计记账法，主张在不同行业内部建立各自的顾客需求科目，但在国际标准和国家标准出台前，只能依靠企业自身建设。顾客需求科目如图 5.2 所示。这里只是举例，因为企业提供给顾客的是产品和服务，而顾客的落脚

顾客需求科目
- 产品 001
  - 外观 00101
    - 颜色 0010101
    - 样式 0010102
  - 功能 00102
    - 主要功能 0010201
    - 辅助功能 0010202
  - 结构 00103
    - 主要部件 0010301
    - 主要技术 0010302
  - 材料 0010401
    - 核心部件材料 001040101
  - ……
- 服务 002
  - 包修、包换期限 00201
  - 是否上门服务（如安装）00202
  - 发送时间 00203
  - ……
- 价格 003

……

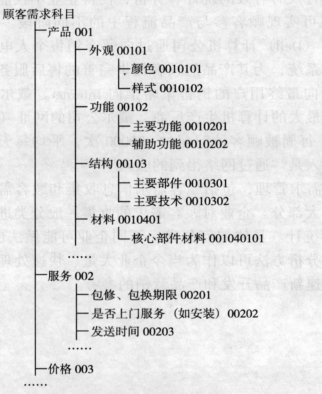

图 5.2 顾客需求科目表

点是品质（外观、可靠性、功能等）、服务和价格，所以一级需求科目可定义为产品、服务和价位三种，然后再按图 5.2 那样细化下去，最终形成一套比较完善的顾客需求科目体系。顾客需求科目信息参数有：需求科目代码、需求科目名称、需求科目含义。需求科目代码用以标识需求科目的唯一性及层次性，需求科目名称用以指定需求科目的简短命名，需求科目含义用以指定需求科目详细的含义及用途。

（2）顾客需求来源分析

有了顾客需求科目表，还要考虑顾客需求的来源。如图 5.3 所示，顾客需求来源有三个方面：一是需要销售人员或市场分析人员进行问卷调查或其他方式的书面和口头调查，并进行书面登记，这是一种主动的方法。走到顾客中间去征求建议，探察需求。这部分依靠人工来完成。二是利用互联网（Internet），顾客通过浏览器将自己的需求表达出来。企业可以根据需要设计出一套标准化问卷，让用户在少量文字输入的情形下表达自己的需求。开始时，企业在对顾客需求不太明晰的情况下，要设计出一套能够反映绝大部分顾客需求的问卷的确很难，但随着时间的积累，这种需求会越来越完善，乃至整个行业内都是如此。三是顾客走进来，提出他们所需要的产品和具体服务要求，这就需要企

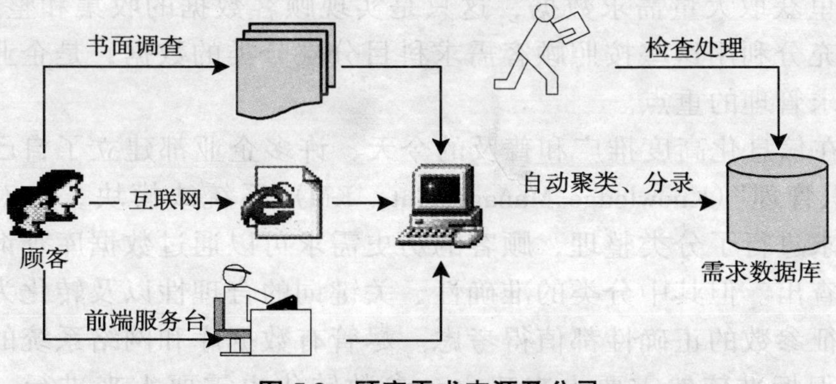

图 5.3 顾客需求来源及分录

业前端服务台耐心听取顾客意见并领会他们的需求。顾客需求记录可分为定性和定量两种，定性需求的重要程度可以使用 5 分制或 100 分制。

顾客需求数据转化为需求数据库中的信息有两种方案。第一种方案就是对上述三种顾客需求来源分别转化。书面调查的顾客需求可以按照科目分类，人工录入顾客需求数据库；来自互联网的需求可以通过程序设计和相应的软件平台，自动按照需求科目分类存入顾客需求数据库；来自前端服务台的需求也可以按照需求科目整理，人工录入顾客需求数据库。这种方案明显是分散或分开处理。第二种方案是将三种来源的顾客需求分别整理成为相应的文字描述数据，对于格式化的问卷信息可以直接进行分录，而对于笼统性描述则可以利用数据挖掘理论中的聚类技术对顾客需求先进行聚类分析，然后人工涉入进行调整分录。在这个过程中可能会形成新的需求科目。可以明显看出，第二种方法是一种批量或集中的处理方法，较第一种方法显得更加高效。

（3）顾客需求的使用与分析

如果仅仅实现会计科目记账，不能称之为财务。财务功能的重点在于分析，通过不同角度和不同模型，能够得出相应的财务状况。同财务一样，建立了顾客需求数据库，通过多种途径从顾客那里获取大量需求数据，这只是实现顾客数据的收集和整理。如何充分利用这些按照顾客需求科目分层分类的数据，是企业顾客需求管理的重点。

在信息化高度推广和普及的今天，许多企业都建立了自己的“知识管理”（Knowledge Management，KM）系统或模块，也对顾客需求进行了分类整理，顾客的历史需求可以通过数据库查询方便地查出。但其中分类的准确性、关键词的合理性以及转化为产品特征参数的正确性都值得考虑。尽管有数据库和网络系统的支撑，但标准依然需要人来建立，参数转化也需要人来进行。因此，顾客需求的整理和挖掘带有很强的主观性，需求整理和转化人员的业务经验和业务技能对顾客需求的理解影响也很大。为了更好地了解顾客真正的需求，企业需要培训专业顾客需求分录人员，这是本书提倡顾客需求科目分录分析方法的重点。顾客需求科目的建立不仅是完成顾客需求数据的收集，更重要的是，根据以科目分层分类的顾客需求数据源，可以进行深层次、多方位的分析，并利用分析的结果指导生产、营销和管理实践。有了顾客需求的科目分录数据库，至少可以得到下列优势：

①顾客分布统计。在图 5.4 所示的顾客需求数据利用关系中，顾客关系数据库来自于 CRM，将顾客关系数据与顾客需求数据结合起来就可以得到顾客分布统计。也就是需求某种产品局限于什么样类型的顾客，进行分身份（是学生？还是上班族?)、分区域(是北京？是武汉？还是上海?)、分年龄段（是老人？是青年？还是儿童?)、分性别（是男或是女?）等统计，做到产品和服务的针对性和区划性，甚至可以统计顾客喜好，方便企业进行营销并及时和周到地向顾客提供个性化产品和服务。

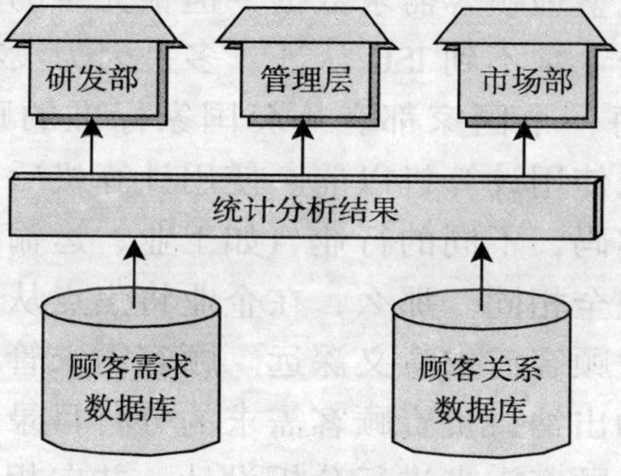

图 5.4 顾客需求数据利用关系

②顾客需求状况。将顾客需求数据库按照科目进行统计汇总，可以得到顾客的需求状况，销售人员从汇总结果知道哪种类

型的产品容易卖出，哪种类型产品不容易卖出，应该采取什么样的营销策略，需要什么样的服务支持等。

研发人员也可从统计结果中得知目前顾客需求的集中点，包括许多个性化需求，从而在研发和设计上寻求规律，开发和设计顾客急需和多需的产品及配套服务，提高研发效率和市场及时响应水平。

管理层利用统计结果，可进行更为准确和有效的决策，实现产品和服务的潮流性战略。

③顾客需求走向。将顾客需求有层次、有科目地保存起来，可以进行历史数据分析，由顾客昨天的需要、今天的需要推出将来的需要。这不是说顾客将来的需要是今天的需要，或是昨天的需要，而是根据这些历史数据分析顾客需求走向和趋势，可适当调整产品方向，并挖掘顾客的潜在需求，为未来市场做准备。实现产品和服务的季节性和时代性。

④顾客需求到产品设计参数的映射。当前企业都很重视顾客，都声明以顾客为中心，把顾客看做是上帝，而且大部分企业也在分门别类地整理顾客需求数据，但很完善的顾客需求管理不多。我国许多企业拿不到 ISO 认证，多是因为没有满足以顾客为中心的要求。每一个国家都有一套国家标准的财务会计科目体系，即使是在未使用计算机以前。使用计算机后，国家重新标准化了会计科目编码，不同的行业（如工业、运输业、商业等）的科目标准也不完全相同。那么，在企业将焦点从产品转移到顾客的今天，标准化顾客需求意义深远。顾客需求管理需要由专人负责，如会计中的出纳，负责顾客需求的分科目录入数据库，又如财务主管的人对顾客需求进行分析设计，并向相应部门和管理人员提供分析结果。在行业内部，使用同一套顾客需求科目，使得顾客需求信息在行业内通解。所以将顾客需求科目化，既可以增强企业自身对顾客需求的识别与吸收，还可以加强行业内部的竞

争与合作。

（4）软件实现分析

图 5.1 所示顾客关系管理（CRM）体系结构一方面反映了现代企业对顾客的重视，“以顾客为中心”，有联系历史、交易历史、账务数据、外部数据等。这些数据源是针对顾客销售方面，顾客处于被动的促销和分析地位，缺乏对顾客需求管理，没有体现顾客全方位地参与企业经营。而创新型企业不仅需要管理顾客的关系，还需要需求管理顾客。目前计算机辅助管理方面，最成功的应该是财务软件的应用，其成功的原因主要是财务的标准化，其标准有国家标准，也有国际标准。因此，可以参照会计软件进行顾客需求管理软件的设计。

（5）功能设计

顾客需求管理应具有的功能有：顾客原始需求登记、顾客信息管理、顾客需求科目管理、顾客原始需求分录、顾客需求查询、顾客需求的统计与分析。

顾客原始需求登记是用来登记顾客的最初需求，这些需求在未经转化前，通常是用大众化语言描述的。原始需求分类统计可以作为市场营销的参考，但不能够直接为产品研发服务。

顾客信息管理是顾客需求管理与顾客关系管理的交叉部分，如果企业的信息化比较完整，顾客需求管理可以借用关系管理的顾客信息，这需要设计两者之间的接口。顾客信息管理主要是登记顾客个人或顾客单位的信息，并能够及时发现和登记新顾客。

顾客需求科目管理是管理顾客需求科目的设置和变更。在没有产业及国家标准的情况下，企业可以抽调多方人员进行需求科目分类分层初始化。

顾客原始需求分录是将顾客原始需求按照科目分别登记到需求转化的数据库中，经过转化过的需求直接为研发、制造和销售提供参考，对于定制式研发及生产尤其重要。

如其他计算机辅助管理软件一样，顾客需求管理也应该具有统计和查询等功能，并通过权限设置，向不同人员开放。

顾客需求科目统计是通过转化后的需求信息表动态地统计需求科目的重要性，以供开发人员了解哪些需求科目动态需求性强，哪些需求科目动态需求性弱，并决定标准化强需求科目为标准的动态设计及配置参数，实现产品大量定制。

①数据库设计。表 5.2 中列举了顾客需求管理数据库表信息：顾客信息、顾客需求科目表、顾客原始需求、顾客转化需求、需求科目统计、操作员信息、使用权限信息、系统配置信息，后三个为一般系统都应具有的信息。数据库表信息如表 5.2 所示，其中，“<　>”代表唯一索引字段，“（　）”是对字段的说明，下划线表示与索引表的链接，如“顾客编码”表示链接顾客信息表中顾客编码字段，依此可以共享顾客信息表中其他信息。

表 5.2　顾客需求管理数据库表信息

数据库表名	数据库表字段
顾客信息	<顾客编码>、个人姓名、单位名称、联系方式（联系人、电话、E-mail等）、通信地址、顾客权重（重要级别）、顾客性质(个人/单位)、单位性质（民营/国有/外资/合资）
顾客需求科目	<科目编码>、科目名称、用途说明、设立日期、更改日期、设立更改人员编码
顾客原始需求	<原始需求编码>、原始需求内容、顾客编码、登记方式(Internet/客户端软件/来信/服务前台）
顾客转化需求	<转化需求编码>、科目编码、原始需求编码、顾客编码、转化需求内容、<操作员编码>（包含需求分录员）
需求科目统计	<统计时间、科目编码>、动态需求度
操作员信息	<操作员编码>、操作员姓名、操作员权限集
使用权限信息	<权限编码>、权限内容
系统配置信息	<系统变量名>、系统变量值

②编程实现。经过系统性功能设计和数据库设计后，便可据此进行编程实现。程序实现需要考虑两种方式：一种是客户/服务器（C/S）方式，一种是浏览器/服务器（B/S）方式。前者可以使用客户端前台软件与顾客进行交互，后台信息存储与提取则由数据库服务器执行，这称为二层模式。三层模式则是在客户端与数据库服务器端加一层应用服务器，由应用服务器对客户端交互式软件进行管理和侦察。B/S 方式则是借用互联网浏览器使顾客与企业进行需求信息的交互，对比 C/S，是将 C/S 客户端替换成浏览器，服务器仍然指数据库服务器。目前，前台软件开发平台比较多，有 Visual Basic（VB），Visual C++（VC），Dephi，Visual Foxpro（VF），PowerBuild（PB）等，后台数据库平台有 Orical, Sybase，Access，DB2，Infomix，Foxpro 等。目前，国内搭配情况比较多的是 VB/VC/Dephi/PB + Orical/ Sybase/Access，其中“/”为可选连接。浏览器的特点决定浏览器应用的开发，因为浏览器是解释性的和插件式的，简单的可以使用文本编辑器，复杂的可以使用 ASP、Java、PHP 等语言。

根据上述设计可以实现体现顾客科目分录分析方法的顾客需求管理。现代人都很清楚，计算机和网络始终是“人”的助手或工具，其成功应用的关键还是依赖“人”。

③执行平台。编程实现后，就可以按预定的模式实施。前面提到的两种实现模式中 C/S 应用比 B/S 应用复杂很多，编程人员也自主很多；B/S 比 C/S 简洁，不用顾客单独安装客户端软件。将来的趋势是 C/S 向 B/S 转化，而目前这两种模式需要兼顾。

本书在这里对顾客需求管理进行详细阐述是因为 CRM 与新产品开发的紧密关系。市场是企业发展和壮大的间接目标，也是目的，对市场经济来说脱离顾客的产品开发没有意义，至少对企业的生存不是一件好事情。当然，企业除了尽量了解顾客，收集顾客需求数据外，也需要及时向顾客推销自己的产品，让顾客了解企业。针对后者企业都做了相当多的工作，如庞大的市场营销队伍、"多媒体"的广告宣传、企业品牌形象设计、实效而鼓舞人心的价值观等，都是让顾客知道"我是谁"、"我最棒"，后面是衣服，前面才是内容，扎不扎实，最终要经受市场的考验和顾客的裁决。

曾任福建华科光电有限公司市场部经理的吴秀榕女士认为，其工作中的顾客需求管理非常重要，而且顾客需求的科目分析法能够更加深入地替代原公司的产品代码式方法。产品代码式方法是将对不同规格型号的产品进行编码，然后将顾客需求与产品编码对应，这可能是目前不少企业的不得已或还有效的方法。实际上，许多顾客需求是定性的，比如配置电脑，顾客或许会提出需要多大价位、需要世面流行等模糊需求，企业很难对应到具体产品编码上，也没有必要，满足模糊需求的产品也可能不止一种型号，或者像电脑产品那样进行组装。因此，产品编码不适合模糊的顾客需求、大量定制的生产模式等。顾客需求科目完全可以根据顾客需求的多维性建立，如价格、外观、时尚、性能等。这就更能体现企业以顾客为中心的研发、生产和销售理念，在合适的时间，向合适的顾客，以合适的方式方法提供合适的产品[215]（Right Product, Right Time, Right Methods, Right Way, Right Market, Right Payoff），当然也会为企业赢得"合适"的利润。

6 加速新产品开发组织分析

本章从“人”和组织的角度来探讨如何加速新产品开发。在阐述一般组织理论的发展过程及公认的新产品开发组织——交叉功能团队的内容的基础上，提出了一种新的组织设计思路——面向对象方法，其对创新性产品的开发和推出是在组织上的一个尝试，力图改善交叉功能团队的组织效果。

6.1 组织设计理论的发展

组织效率在新产品开发中不容忽视，良好的组织不仅具有良好的沟通、协调关系，而且能够使企业在一种乐观的氛围里发展和壮大。不同历史阶段出现了一些曾经或正在运转有效的组织形式，不同类型企业的组织结构也会大相径庭。下面借吴培良、郑明身和王凤彬[199]编著的《组织理论与设计》的部分内容来粗略地描述一下组织设计的相关概念及发展状况。

6.1.1 组织理论和组织结构

(1) 什么是组织和组织理论

组织是个体为实现共同目标将人、财、物等资源集合而成的有机统一体，包括财产组织、作业组织和管理组织。财产组织的不同形式，决定着企业投资资金的来源和内部治理结构的具体类型。作业组织是企业开发、生产、流通等作业的现场组织；管理组织，即企业的管理组织机构，是财产组织和作业组织顺利实现的保证。

组织结构是在组织理论的指导下进行的。广义上的组织理论（大组织理论）包括一个组织在运行过程中的全部问题，如组织运行的环境、目标、结构、技术、规模、权力、沟通等皆是其研究对象。狭义上的组织理论（小组织理论）则主要研究企业组织结构的设计和运行，而将环境、战略、技术、规模和人员等作为组织机构设计因素来研究。

（2）组织结构及参数

企业的组织结构，是企业全体职工为实现企业目标，在管理工作中进行分工协作，在职务范围、责任、权力方面形成的结构体系。这说明组织机构的本质是职工的分工协作关系，设计的目的是实现企业目标，内涵是人们在职、责、权等方面的结构体系，包括职能结构、层次结构、部门结构和职权结构。

组织机构的特征因素就是描述一个组织结构各方面特征的标志或参数，反映了企业组织机构的基本情况，是组织设计和咨询基础，也是组织结构评价基础。组织机构特征因素有管理层次和管理幅度、专业化程度、地区分布、分工形式、关键职能、集权程度、规范化（标准化）、制度化程度（正规化）、职业化程度、人员结构十个方面。

（3）组织结构的权变因素

组织结构的权变因素是组织结构特征的外部条件和环境，是进行科学组织设计的前提条件。根据权变理论，没有一个普遍适用的、最佳的组织结构模式。不同企业或同一企业的不同发展阶段，都应根据其面临的环境或外部条件来设计相应的组织机构。

影响组织机构设计的主要因素有企业环境、企业战略、企业技术、人员素质、企业规模、企业生命周期等六个方面。

（4）组织设计的过程与内容

组织设计是一个动态的工作过程，包含了众多工作内容。科学地进行组织设计，要根据组织设计的内在规律性有步骤地进行，才能取得良好成果。组织设计可能的三种情况是：新建企业；原有组织结构出现较大问题或企业目标发生变化；组织结构局部调整和完善。虽然三种情况存在一定差别，但基本程序是一致的。

表 6.1　组织设计的程序和内容

设计程序	设计工作内容
设计原则的确定	根据企业目标和特点，确立组织设计的原则和主要参数
职能分析和设计	确定经营、管理职能及结构，并分解到各项管理业务和工作中，进行管理业务的总体设计
结构框架的设计	设计各个层次、部门、岗位及责权，表现为组织系统图
联系方式的设计	进行控制、信息交流、综合、协调等方式和制度的设计
管理规范的设计	主要设计管理工作程序、管理工作标准和管理工作方法（工作规范）
人员配备的设计	根据结构设计，定质、定量地配备各级管理人员
运行制度的设计	设计部门和人员绩效考核制度、奖励制度及培训制度等
反馈和修正	反馈运行过程，定期或不定期地对各项设计进行必要的修正

6.1.2　组织理论的发展

（1）古典组织理论

在组织理论的发展上，古典管理学派是组织理论的奠基者，其主要代表人物有泰罗、法约尔、韦伯、厄威克等人。

科学管理之父的泰罗（Frederick W. Taylor）主要研究工厂内部生产管理方面的问题，对组织理论的贡献有三点：①根据劳动分工原理，提出单独设置职能机构；②主张实行职能管理制；③提出了例外原则，实行权力下授。这些对后来的分权管理体制很有启发意义。

法约尔（Henri Fayol）的组织理论比较系统，以整个企业为研究对象，其贡献有：①提出了管理过程的五个职能：计划、组织、指挥、协调和控制。②提出了 14 条一般管理原则：劳动分工、权限和责任相符、纪律、命令的统一性、指挥的统一性、雇员利益与整体利益的一致性、合理的报酬、集权性、等级性、建立秩序、公平、保持人员稳定、发扬首创精神、团结就是力量。③提出了“法约尔”桥的设计，是跳越指挥链直接联系的横向沟通方式。④改进了管理机构的组织形式，提出了直线职能制。

韦伯（Max Weber）在管理上的贡献主要是提出了“理想的行政组织体系”，指不凭家族世袭地位、人事关系、个人情感，按照严密的行政组织和严格的规章制度来组成理想的、公平的组织机构，强调理性和法律的权力，并将体系结构分为主要负责人、行政官员和一般工作人员等三层模式。

厄威克（Lyngdall F. Urwick）的贡献是系统地总结了古典组织理论，并归纳出八项原则：目标原则、相符原则、责任原则、等级原则、管理幅度原则、专业化原则、协调原则和明确性原则。

古典组织理论的发展少不了古典管理学派的贡献，为现代组织理论的发展奠定了坚实的基础，时至今日，许多基本原理也不失其正确性，仍然被广泛运用。然而，在一定程度上，古典组织理论也存在着相当多的历史局限性，当时历史条件决定其研究只能是孤立的和静态的，没有联系环境、战略、战术、技术和规模等，关于人的因素的研究也不多。

（2）现代组织理论

进入 20 世纪 30 年代，尤其是第二次世界大战结束后，管理思想得到了蓬勃发展，出现许多管理流派，对组织理论的发展做出了卓越贡献。这些管理流派有社会系统学派、行为科学学派、管理过程学派、经验主义学派、系统管理学派、权变理论学派、新组织结构理论学派等，其从各自不同的角度完善、充实和发展了组织理论。

巴纳德（Chester I. Barnard）是社会管理学派代表人，被称为现代组织理论的鼻祖。巴纳德运用社会学的观点研究管理理论，在继承古典组织理论的基础上，提出许多新的观点：①组织是人与人的合作系统；②权力应当接受理论；③诱因（需要或报酬）和贡献平衡论；④非正式组织职能；⑤信息交流原则（透明性、单直上司、渠道便捷、称职经理、信息联系持续性、信息联系的权威性）。

20世纪50年代出现了行为学派，前身为“人际关系”学派，其主要理论基础是心理学、社会学和人类学。其对组织理论的贡献除了具有和巴纳德相似的观点外，其主要贡献是：对古典组织理论的修正和补充，加进了人的行为因素；组织结构中必须考虑工作者的需要和特点。

孔茨（Harold Koontz）是现代管理过程学派的主要代表人之一，他在继承古典管理学派成果的基础上，进一步总结了近几十年西方企业的实践经验，提出了健全组织工作五个方面（有关组织工作的目的、起因、过程；有关组织结构的职权和部门业务的划分）15条基本原则：目标一致、效率、管理幅度、分级、授权、职责绝对性、职权和职责对等、统一指挥、职权等级、分工、职能明确性、检查职务与业务部门分设、平衡、灵活性、便于领导。

经验主义学派以总结企业管理，特别是大中型企业管理的实践经验为主要任务，并从中概括一些理论和原则，或者给从事实际管理工作的人某些有用的建议，代表人物有：德鲁克（Peter F. Drucker）、戴尔（Ernest Dale）、斯隆（Jr. Alfred P. Sloan）等。

这一学派的管理思想和观点，大多侧重于从企业上层管理人员的角度提出和研究问题，侧重上层管理者如何管理好一个企业的经验。其组织理论的主要观点有：结合古典管理学派和人际关系学派之长；归纳企业组织结构的基本类型，总结出一些适合于高层管理和创新工作的组织结构；提出目标管理法，统一工作和人性。

将伯塔郎菲（Ludwig Von Bertallanffy）的一般系统理论应用于工商企业管理，便形成了系统管理学派，主要代表人物有卡斯特（Fremont E. Kast）、罗森茨韦克（James E. Rosenzwig）等。其观点认为，组织是一个人造的由各个子系统有机联系而组成的开放系统。

权变理论学派的观点是：没有一成不变的、普遍适用的、最好的管理原则和方法，一切管理的对策，必须根据企业所处的内部环境作权宜应变。同经验主义学派有许多共同点，该学派也十分重视实际管理经验的总结和研究，可视为经验主义学派的一个分支。

新组织结构学派是较新的管理学流派。该学派的特点是全面吸收各学派关于组织结构方面的学说和主要成果，进而进行系统的研究。其主要贡献是：提出了组织结构的五种协调机制、五个组成部分、五种流程系统及五种类型等组织结构的“四个五”理论。主要代表人物是明茨伯格（Henry Mintzberg）。

（3）业务流程重组

近年来，业务流程再造（Business Process Reengineering, BPR）已经成为一个非常流行的组织学概念。其中，Business Process Reengineering 分别对应着不同的翻译：“企业、业务、经营”，“过程，流程”，“重组、重构、再造、再工程”。BPR 的中文译名则出现这几个译词的不同组合，业务流程重组和业务流程再造是人们最常用的两个。相对流程的兴趣，BPR 的出现有几个不同方面的来源。竞争激烈、规制弱化、经济萧条、全面质量管理的成熟以及对IT的应用不尽人意，促使人们寻找能够在有效性、高效性和适应性方面取得突破性改进的新途径。长期被管理界遗忘了的流程成为众人共同关注的焦点，“业务流程重组”成为流行的词语。流程（Process）[157]的含义是一个或一系列连续的、有规律的行动，这些行动以确定的方式发生或执行，导致特定结果的实现：一个或一系列连续的操作（Operation）。至于基于流程的团队组织，也不是新概念，企业早就开始运用这种方式组织新产品开发了。并行工程是一种用于设计和制造新产品的基于流程的组织形式。作为一种生产制造哲理，准时生产制也很重视流程，通过简化流程，消除表现不佳的加工中心和供应商等造成库存的因素，从而优化工厂物流。但是，并行工程和准时生产制在服务领域却没有产生多少影响，而且，认识理解流程再造所具有的绩效改进潜力是非常重要的。这种潜在的收效与流程的规模和范围有关。如果一个流程的规模和范围都不大，那就不要期望对它的再造会取得巨大收效。Joe Peppard 和 Philip Rowland 对 BPR 定义是：BPR 是一种改进（Improvement）哲理。它的目标是，通过重新设计组织经营的流程，使这些流程的增值内容最大化，其他方面的内容最小化，从而获得绩效改善的跃进（Step Improvement）。这种做法既适用于单独一个流程，也适用于整个组织。BPR 与 TQM（全面质量管理）、JIT（准时生产制度）、SE/CE（并行工程）、TCM/FCT（时间压缩管理/快速反应周期）在经营哲理上的比较如表 6.2 所示。

6.2 交叉功能团队

新产品开发关键的成功因素之一是交叉功能团队（CFT），也

表 6.2 经营哲理比较（TQM、JIT、SE/CE、TCM/FCT、BPR）[57]

要素	TQM	JIT	SE/CE	TCM/FCT	BPR
主要目标	质量；对顾客的态度	降低库存；加快流通率	缩短到达市场时间；提高质量	缩短时间（时间=成本）	流程；尽量减少无增值活动
改进模式	持续、渐进式	持续、渐进式	激进式	激进式	激进式
侧重组织	共同目标；所有职能	“单元”与团队	研发人员与生产人员组成一个团队	基于流程	基于流程
侧重顾客	满足内部与外部顾客	行动发起者；“拉式”生产	内部伙伴关系	快速反应	“结果”驱动
侧重过程	简化;改进;度量与控制	工作流/通流量；效率	同时进行研发和生产开发	缩短各个流程中的时间	“理想化”整顿
主要技术	流程图	可见性；看板；小批量；快速调整	项目组；CAD/CAM	流程图；标杆	流程图；标杆瞄准；自我评价；信息系统和技术；创造性和现有思路

是加速新产品开发重要方法之一。本节从加速新产品开发角度对企业组织部门之间的沟通协作进行讨论，重点分析交叉功能团队的优缺点。先从企业树谈起，并说明企业研发、制造和市场之间的关系对新产品开发的影响。

6.2.1 企业拟树说

(1) 企业“树”比喻

同其他自然界中植物一样，树的根用来汲取水分和养料，干枝用来运输水分和养料，树叶则利用光合作用将水分和养料合成有机物，完成了从无机物到有机物的转化，重大的意义就是弥补动物对有机物的消耗。企业也和树一样，通过对物料进行加工和制造出产成品，销售以后取得的利润维持企业的持续生存和发展，这是从一般系统角度出发的。环境的变化、技术的进步及竞争都要求企业不断地快速研发和推出新的产品来满足市场需求。因此，与过去计划经济不同的是，企业把研发考虑进来，这样从总体上讲，企业通过研发，然后通过制造，将产成品销售出去。如图 6.1 所示，与上述比拟不同的是，这里将枝叶比拟为企业的产成品，树干比拟为企业的制造单元，树根则为企业的研发单元。这样的比较，从形状上可以很容易看出，由枝叶组成的树冠及深入地下的根系具有外向的延伸性和发散性，企业的营销和研发也是如此，还具有一定程度的不确定性，这恰恰是二者的适应空间。这里将树干比喻成制造单元是因为企业制造阶段具有很强的规律性，物料的分配和机器的调度都可以通过一定的计划预先进行设计和优化。这是企业有形资产和能力的核心，可控程度大。生产理论的研究和实践有关制造方面的思想理论和方法已日益完善，企业除了技术和设备外，没有什么大的利润增长空间了，制造阶段的研究空间不大，完全可以通过机器进行所有的制造环节。

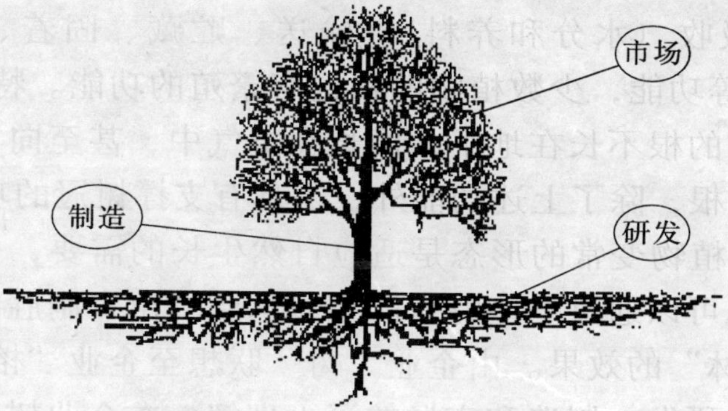

图 6.1　企业组织树示意图

比如一些电力企业，就可以将生产外包，而将主要力量投入到研发和销售上，这种“抓两头、放中间”的哑铃式管理模式，具有“树”的形体特征，会更加有助于公司集中精力培育核心能力、发挥竞争优势，成为高成长性的高新技术企业。

（2）企业“榕树”理论

榕树有“南国树王”之美称，我国福建和台湾一带，有一种独特的崇榕文化。当地老百姓认为，榕树最有灵气，最有情感，最能造福庇荫乡人，是吉祥、长寿的象征。

俗语说：“单丝不成线，独木不成林”，在西双版纳的热带雨林中，奇特的自然景观却是随处可见。“独树成林”的景观大都是由榕树形成的，一棵榕树长到一定程度时，其主干上就长出许多须根（即气生根），扎到土里吸收充足的养分，然后慢慢延伸，长大以后便形成支柱根（有的榕树的支柱根可多达二三十根），根本分不清哪里是主干，哪些是支柱根，从远处望过去，就像是一片树林一样。

长期自然选择和环境适应，使得许多植物通过不同部位（根、茎、叶）的改变形成自己独特的功能。很显然，榕树强大的生长力应归功于支柱根。一般来讲，根是植物在长期适应陆上生活的过程中发展起来的一种向下生长的器官，隐藏在地面以下，具有吸收（水分和养料）、输送、贮藏、固着、合成转化（氨基酸）等功能，少数植物的根也有繁殖的功能。特别情况下，也有些植物的根不长在地下，而长在空气中，甚至向上生长。如榕树的支柱根，除了上述功能外，还具有支撑树冠的功能。

如果说植物变常的形态是适应自然生长的需要，企业在社会环境里，也可以通过一些特殊的组织达到“出奇制胜”的目的及“独木也成林”的效果。由企业“树”联想至企业“榕树”，皆是出于对企业研发、制造和市场的深入理解。在企业树中，将根比喻成研发，将树冠比喻成市场，是因为二者的发散性及扩充性，只有研发思维不断发散才能保证市场领域的不断扩张，才能使企业保持持久而快速的竞争优势。企业“榕树”中支柱根进一步补充了企业“树”的比拟，支柱根代表着研发与市场部门非常良好的沟通，也反证了研发与市场之间联系的重要性。没有研发，市场拿不出新产品；没有市场信息，研发变得盲目。下面列举一些论述研发与市场关系重要性的文献。

6.2.2 研发、制造与市场

企业“拟树”说是企业为了适应和竞争而进行必要内部合作的生物学启示。实际上，成功的新产品开发更少不了企业不同功能组之间的合作。成功的新产品开发实质上是一个多学科的过程，这样的理解使得新产品开发广泛地采纳交叉功能团队。为了确立功能集成程度简单的增加是否能够真正保证新产品绩效的增强。Eric M. Olson[20]等调查了新产品开发过程中34个创新程度从高到低的开发过的产品。每一个项目的研究数据的来源有四个方面，包括项目领导的个人采访及分别对市场、生产和研发的人员进行调查。研究发现：①业务从开始到后期阶段滑动时功能合作增加；②过程的早期阶段，市场与研发之间的合作最高，随着流程的移动，市场与生产之间、研发与生产之间的合作逐渐增加；③早期阶段市场和研发之间的合作、生产与研发之间的合作会产生高的项目绩效（与项目层次无关）；④对创新产品来说，后期研发与生产、市场与生产之间的合作是项目绩效的决定性因素，但对于非创新产品则无所谓；⑤早期研发与市场合作对于低创新项目有着高绩效贡献，而对高创新项目绩效贡献较低。

研究发现说明，成对功能组间（例如，市场—研发；研发—生产；生产—市场）合作的重要性会随着时间阶段（如：早期阶段和后期阶段）及产品新颖度（如：全新产品和修改产品）的不同而不同。调查发现与推理比较吻合。对于创新产品来讲，早期阶段的创意依赖于研发部门的创新机制和市场部门顾客需求的收集。没有市场，研发会变得盲目，没有研发，创意和需求也很难转化为产品原型。到了后期制造阶段，研发需求是设计中的可制造性参数，市场需要跟踪制造进度，以便向顾客和售点交代。市场、研发和制造部门紧密而有节奏的深层次合作，是新产品快速推出和成功的先决条件之一，交叉功能团队则是三者合作的高级形式。

6.2.3 交叉功能团队

(1) 交叉功能团队（CFT）的必要性

一方面，目前企业所面临的环境决定了交叉功能团队的必要性[156]，如：①紧张、复杂的全球化竞争；②顾客增加对质量和价值的重视；③持续创新和改善的必要性，特别是缩短产品生命周期及快速的技术变化；④快速响应能力的重要性，如市场响应时间及对新的复杂的顾客需求的满足；⑤变化的组织（扁平的、授权的及权力共享的）、变化的奖酬系统、更好的信息及信息支持工具，对“命令和控制”管理的弱化；⑥新产品开发中合伙者、合资及银行团的参与增加。另一方面，传统新产品开发问题决定了交叉功能团队必要性[156]，如：①有限的内部集成，如研发、制造和市场之间的分离；②有限的外部集成，如顾客、供应商、合作者及技术；③新产品开发步骤的忽略或糟糕的运作；④重要的是，新产品开发前端很匆忙，在后来发现的技术问题；⑤新产品开发参与中的低信息共享；⑥项目和组织间有限的学习。

Don H. Lester[16]认为，新产品开发的难度不仅在于市场的不确定性与资金风险，对组织企业内部人员也有较高的要求。依靠常规的职能部门来完成新产品开发会效率低下，而交叉功能团队或交叉功能风险团队是加速新产品开发的理想模式。营销成员在开发产品需求时与研发、制造人员紧密合作；研发人员在拟订产品详细设计说明时与营销、制造人员紧密合作；制造人员也是在与营销、研发人员紧密合作的情况下设计加工工艺；交叉功能团队可以很好地管理人员互动及技术和创意在个人和团队之间转移。通过交叉功能团队可以节省大量的产品开发设计时间和成本，减少反复，加快新产品开发[6,19,68]。

（2）交叉功能团队定义

可见，在一定程度上，交叉功能团队是新产品开发成功的先决条件，那么什么是交叉功能团队呢？

不同专家对交叉功能团队的认识会存在一定的差别[156]，如：①交叉功能团队是不同部门及学科的成员集合于一个管理者下，共同进行开发决策，并谋求贯穿全部组织的支持。②交叉功能团队需要有一个明确的目标和代表不同部门和学科的一组人员，他们组合的努力是为更好地实现团队目标，团队可能是持久或暂时的，合适的情况下，也可能包括一些志愿者、顾客。③交叉功能团队作为一个多创造的、合理的、快速的、明确的解决方式已经得到了广泛传播，跨越功能且集合所有从事同一项目的员工于一个团队，企业希望能够减少功能之间的争吵，并希望尽快解决问题及人们无私的努力和奉献。[68]④交叉功能团队是由不同功能专业人员组合而成的紧密的功能交叉集体，进行产品开发设计。

（3）交叉功能团队的部分研究情况

Rene Cordero，G. F. Farris 和 Nancy DiTomaso[69]调查验证了交叉功能团队的工作寿命质量（The quality of work life，QOWL），其中，QOWL 是工作成果与工作要求的函数。对 1714 位项目工作专家的调查结果显示，交叉功能团队工作要求中的工作参与度、工作努力及对许多不同观点的考虑与 QOWL 的关系是正向的，与时间压力没有太大关系，与工作压力的关系则呈负向。交叉功能团队工作与五个正向的工作成果（包括工作增长、工作安全、成功团队的成员关系、报酬和工作满意度）有正向关系。这项调查的意义在于交叉功能团队对工作寿命质量的效果（推进或倒退)，决定了使用交叉功能团队的态度（是欢迎还是反对）。结果说明，交叉功能团队相对项目工作来说，在没有太大的时间压力情况下，工作压力较轻，但需要较强且自觉的工作参与和奉献精神，并能够兼顾多方建议。结果还说明，使用交叉功能团队能够取得明显的工作成果。

David Wilemon[156]调查了交叉功能团队如何贡献于新产品开发。当市场环境变得越发动态和复杂时，基于技术的组织需要更加快速而有效地响应机遇和威胁。交叉功能团队帮助组织迎接新的挑战。然而对于组织来讲，成功不是自动的。本书揭示了交叉功能团队对新产品开发的重要性和运用交叉功能团队将会遇到的挑战、局限性及其对组织设计与绩效的影响。

Avan R. Jassawalla 和 Hemant C. Sashittal[6]调查了 10 家不同企业，并对功能域之间的交互有很深入理解的 40 位管理者(代表所有的关键功能）进行了调查。调查研究发现：①生产组的参与和贡献比其他功能组低得多；研发组认为自己是新产品活动的主人，其参与度和贡献比其他功能组要多得多；市场组执行的任务相对要多一些，而在新产品决策时参与得少。②一个功能组的参与度与其贡献有着紧密的关系，当参与度低时，其贡献度也低，反之则高。③交叉功能团队之间的合作关系一般较弱，且外部合作的拓延也较弱。

（4）交叉功能团队的客观分析与评价

Avan R. Jassawalla 和 Hemant C. Sashittal[6]认为管理个人和功能组之间的人员交互、技术和思想的传递是新产品开发一个最大的挑战。交互、信息共享、创意的学术交流在研发、制造和市场人员之间是基本的。然而，要求不同方向、经验和兴趣的人进行交互、决策和参与（如新产品开发的联合创新努力）很是问题。有关新产品开发的人员交互调查表明，有效的领导关系和随从关系、权力的平等分配，参与者关系的建立使得人们的交互更加积极，以促进组织中的创意程序。David Wilemon[156]指出，使用交叉功能团队进行新产品开发的潜在利益有：协同作用，改善顾客注意和满意，加速新产品市场推出，高质量决策和工作，少有通信打破，强化的组织学习。但也存在一定的局限性：证据表明企业、团队和个人对交叉功能转变的表现慢而且痛苦；理想、现实的差别大量存在于各种团队中，包括新产品开发的交叉功能团队；团队之间的协作通常是尝试性的、脆弱的和受威胁的，因为冲突、紧张、混乱和怀疑，团队处于矛盾的层叠当中，并需不断与现存的不同差别作斗争；在试图调整成为团队成员的个人中容易出现紧张关系；在团队里，需要争取完成团队的任务，在组织里，需要转移感觉和空间适应一个新的工作环境。Avan R. Jassawalla 和 Hemant C. Sashittal[6]则总结了交叉功能团队对新产品流程中技术传递和人员交互的有效性和无效性的比较，如表 6.3 所示。

表 6.3　CFT 对新产品流程中技术传递和人员交互的有效性及无效性的比较[6]

NP 流程中技术传递和人员交互的无效性	NP 流程中技术传递和人员交互的有效性
a. 技术传递的驱动力方面	
• 相信 CFT 是增加集成的万能钥匙 • 相信增加功能组参与能够增进合作 • 研发统领新产品活动，产品和市场组功能是第二位的 • 功能层次性组织结构，将功能组任务与其自身独特（显性和隐性）任务区别开来	• 相信交叉功能思考及培养对技术的有效传递非常关键 • 相信高透明的和多注意的任务及投资的决策对有效的新产品流程很重要 • 高级管理明显授权于研发、生产和市场组，进行平等的新产品决策 • 雇员需要不断地接受交叉功能团队的训练，CFT 需要习惯于复杂组织的初建管理
b. 领导和随从关系的本性	
• 当交叉功能团队被使用时，团队领导会被指派研发，并且在必要时还需要向他们请教。其他参与者对争取实现新产品目标则不会有太大兴趣 • 参与者对功能组隶属度很强，除非能够增进其功能组的待办事宜，否则会出现抑制情绪。没有兴趣的旁观式的参与者显示“骑墙”的思维也是很正常的	• CFT 领导是高层领导仔细挑选出来，用以管理技术和人员交互问题。他们相信所有参与者都是平等“选民”，并享有平等收益股本 • 参与者需要意识到相互依赖的互惠的存在。对整个新产品开发流程及收益承担平等的责任，并且有义务建立良好的信任和协作关系

续表

NP流程中技术传递和人员交互的无效性	NP流程中技术传递和人员交互的有效性
c. 合作的本质和范围	
• 低层次的合作，小范围的有效交互。隐藏的议程，费解的交流方式及防备的日常事务反向影响着技术的传递	• 通过塑造人们不同行为方向提升意识过程。高水平思想和信息交换协同作用

表6.4 交叉功能团队最高水平拓展点[6]

拓展点	拓展内容
速度：减少组织完成任务的时间（尤其是产品开发过程），增加组织处理速度	• 有一个明确的目标 • 包括所有相关的功能 • 从一开始就涉及所有关键的参与者
复杂性：改善组织解决复杂问题的能力	• 有一个目标清晰的领导 • 自由于非必要的限制，甚至是失败的自由 • 分散观点范围广阔 • 公开部分成员的新构思
顾客集中：改善组织集中资源满足顾客的能力	• 能够充分理解谁是顾客 • 顾客作为团队成员紧密参与，如沟通等； • 在过程改善和团队的动态性方面训练成员 • 在进行顾客利益决策方面，授权团队
创造性：将不同经验和不同背景的人组合在一起，增加组织的创造能力	• 支持非正式地解决问题 • 鼓励和奖赏风险承担的合理形式 • 意识到创新对组织将来的关键性
组织学习：参与CFT帮助一个组织开发新技术和专业技能，学习其他纪律，及如何与不同风格和背景的人一起工作	• 打破陌生人之间的障碍，提供训练 • 进行训练，消除其他功能的神秘化 • 允许、鼓励和支持非正式的学习环境 • 对共享信息、经验和学识的队员进行奖励
单点联系：对项目和顾客的信息和决策的地方进行识别	• 帮助协调组织的努力 • 进行资金、权威和技术支持的投入，以完成团队或组织目标

关于交叉功能团队的局限性，David Wilemon[156]阐述了适合组织结构过程的步骤：①变更实现目标的责任分配的机制，如使管理者从资源控制者变为资源供给者；②对团队，能够有效地控制财务、评估绩效等；③对交叉功能团队资源进行投资，作为一

项新技术，其初步效率可能会低于投资期望；④对任务选择给予一定专业自主性，团队成员将对工作中的冲突、对质和必要风险负责；⑤平衡领导与成员之间的关系；⑥对每一个服务于团队的成员进行培训。David Wilemon[156]阐述了提高新产品开发效率的组织扁平化的措施，如：围绕流程组织，而不是任务；扁平化层次；使团队管理所有的事情；让顾客驱动绩效；奖赏团队绩效；最大化与供应商和顾客的联系；鼓舞和培训所有员工，等等。David Wilemon[156]还从速度、复杂性、顾客集中、创造性、组织学习、联系等几方面指出了交叉功能团队最高水平的拓展。

6.3 面向对象团队

面向对象（Object-Oriented，O-O）技术是近几年计算机领域的一项新兴技术。从方法论的角度看，相对面向过程面向对象可以说是一次方法论的革命；从学术价值上看，面向对象技术几乎涵盖了计算机系统及应用的所有领域；以现实意义上看，面向对象技术是适应现代社会多元化和灵活多变发展趋势的得力工具[182]。面向对象技术可分为：面向对象的程序设计语言，面向对象的数据库技术、面向对象的系统分析与设计方法。

6.3.1 面向对象思想

(1) 什么是对象

尽管许多程序员非常熟悉“面向对象”这个术语，也知道面向对象在计算机语言平台的含义，但对于面向对象的思想可能还没有很认真地思考过。尤其对于初学者来讲，面向对象思想好像高中物理的加速度，理解与不理解的差别是很大的。什么是对象？对象即现实世界里的实体，山、水、风、树、云、沙、火、鸡、狗、蛇、鸟、虎、狼、桌子、房子、汽车、机器、玩具、老师、市长等，都是对象。考察它们的共性有三个基本方面：一是类属集合，二是行为能力，三是反射能力。类属集合用于从形态上区分对象，例如，人的毛发、肤色、身高等；行为能力表明对象具备的功能，例如，人的听、说、读、写、立、行、跑、卧等；反射能力指对象对外界刺激的响应，例如，人的条件反射、对进攻的防御和还击等。这是一般对象的性质，对于特别的对象，可能很少考虑其反射能力和行为能力。因为生命的对象，加以行为和反射上的定义和区分没有太大的实际应用意义。行为能力和反射能力之间的关系是主动和被动的关系，没有生命的对象也就谈不上主动和被动。也就是说，仅运用属性集合就足以区分和描述了。

这样对客观世界对象进行的描述可以帮助对更一般对象的理解。然而，人们也会因为不了解其应用价值而感到毫无兴致。面向对象对于计算机编程人员是最熟悉不过的一个词了，尤其是对于现在的可视化、傻瓜化的编程更是如此。程序员或一个中学生在一个可视化语言平台下随便拖动的一个窗体、一个按钮、一个组合框等都是一个个不同的对象，就如在现实世界里堆积木或布置房间一样，只要进行拖拉搬迁，则应用界面瞬息可就。面向对象思想在计算机应用领域得到了广泛的普及和应用，这与计算机软件的演进有非常大的关系。

（2）面向对象思想的由来

现实中的对象很容易理解，但面向对象思想的普及和运用仅有短短几十年历史，尽管从亚里士多德的哲学论著到笛卡尔的《哲学原理》，多次用过“对象”一词。20 世纪 80 年代以来，“面向对象”的广泛使用反映了计算机科学发展的迫切需要。计算机和网络技术飞速发展的直接效果是促进了信息革命的形成，并推动了社会的现代化进程，计算机广泛深入的应用反过来也对计算机科学提出了新的要求。人们对计算机的期望远超过了历史上其他工具，甚至飞机、大炮。人们不断地对计算机提出多功能化和智能化要求，期望能尽可能直接地与计算机进行交互（不仅是计算和推理），而不需要专门训练。这就给计算机特别是软件领域的技术发展提出了更高的要求。硬件的快速发展和计算机应用领域的不断扩大，形成了计算机软件技术滞后于硬件的“软件危机”[182]。面向对象说的兴起与发展和结构化说一样，也是从面向对象的程序设计开始的，逐渐发展到面向对象的设计，最后到面向对象的分析[171,213]。这个过程可追溯到20世纪60年代结构化程序设计的形成与发展时代，60年代末，先有模拟语言SIMULA67出现，体现了类和对象两个基本观念，到了70年代，则有Smalltalk等正式面向对象的语言出现。在面向对象程序设计和语言的影响下，80年代初，仍有面向对象设计的形成与发展。最后，到了80年代末90年代初，正式出现了面向对象分析[171]。

①面向过程设计。20世纪60年代初期流行的计算机语言有FORTRAN，COBOL及ALGOL 60等，在这些程序语言中，在算法上是把整个程序分为若干个子程序，而在数据组织方面只有全局数据（Global Data）。这样，各个子程序就通过共用数据联系起来。因而，一旦出错，波及面很广，对整个程序都会造成致命的影响。程序经过几次修改，就可能会面目全非。这样的程序最后就会完全无法能满足其使用要求，几乎根本无法进行维护修改，终致废弃。

②结构化程序设计。20世纪60年代中叶到70年代初，程序模块化逐渐成为程序设计的一个重要原则。结构化程序设计也在这时期逐渐形成。结构化程序设计从系统的功能入手，按照工程的标准和严格的规范将系统分解为若干功能模块，系统是实现模

块功能的函数和过程的集合。由于用户的需求和软、硬件技术的不断发展变化，按照功能划分设计的系统模块必然是易变和不稳定的。这样开发出来的模块可重用性不高。

③面向对象的程序设计。面向对象是针对“面向过程”提出的，与传统的结构化方法有着本质区别。面向对象方法将客观世界看成是由许多不同种类的对象构成的；每一个对象都有自己的内部状态和内在运动规律；不同对象之间的相互联系和相互作用构成了完整的客观世界。所谓面向对象，就是将现实世界的实体抽象为程序中的一个封装好的对象类，用一组数据（属性）来描述它的特征，并且支持一组对它施加的操作——方法（Methods）和事件（Events），方法对应于前面对象描述的行为能力，事件对应于前面对象描述的反射或响应能力。上述属性指的是静态属性，方法和事件也可称为对象的动态属性。即，对象 = 属性 + 行为和响应 = 静态属性 + 动态属性。面向对象程序设计是一种围绕真实世界的概念来组织模型的程序设计方法，它采用对象来描述问题空间的实体。面向对象程序设计具有许多优点：一是开发时间短，效率高，可靠性高，所开发的程序更有效。由于面向对象编程的可重用性，可以在应用程序中大量采用成熟类库，从而缩短了开发时间。二是应用程序更易于维护、更新和升级。继承和封装使应用程序的修改所带来的影响更加局部化。

（3）面向对象思想的特性

面向对象方法学所引入的对象、方法、消息、类、实例等一系列重要概念和继承性、封装性、多态性等良好机制，为认识和模拟客观世界，分析、设计和实现大型复杂系统奠定了坚实的基础。

①抽象性（Abstract）。抽象就是忽略一个主题中与当前目标无关的那些方面，以便更充分地注意与当前目标有关的方面。抽象并不打算了解全部问题，而只是选择其中的一部分，暂时不用部分细节。

②继承性（Inheritance）。继承是一种联结类的层次模型，并允许和鼓励类的重用，它提供了一种明确表述共性的方法。对象的一个新类可以从现有的类中派生，这个过程称为类继承。新类继承了原始类的特性，新类称为原始类的派生类（子类），而原始类称为新类的基类（父类）。派生类可以从它的基类那里继承方法和实例变量，并且类可以修改或增加新的方法使之更适合特殊的需要。这也体现了大自然中一般与特殊的关系。继承性很好地解决了软件的可重用性问题。

③封装性（Encapsulation）。封装是面向对象的特征之一，是对象和类概念的主要特性。封装是把过程和数据包围起来，对数据的访问只能通过已定义的界面。面向对象计算始于这个基本概念，即现实世界可以被描绘成一系列完全自治、封装的对象，这些对象通过一个受保护的接口访问其他对象。一旦定义了一个对象的特性，则有必要决定这些特性的可见性，即哪些特性对外部世界是可见的，哪些特性用于表示内部状态，在这个阶段定义对象的接口。通常，应禁止直接访问一个对象的实际表示，而应通过操作接口访问对象，称为信息隐藏。事实上，信息隐藏是用户对封装性的认识，封装则为信息隐藏提供支持。封装保证模块具有较好的独立性，使得程序维护和修改较为容易。对应用程序的修改仅限于类的内部，因而可以将修改应用程序带来的影响降到最低限度。

④多态性（Polymorphism）。多态性是指允许不同类的对象对同一消息作出响应。比如同样是加法，把两个时间加在一起和把两个整数加在一起肯定完全不同。又比如，同样的选择编辑—粘贴操作，在字处理程序和绘图程序中会有不同的效果。多态性包括参数化多态性和包含多态性。多态性语言具有灵活、抽象、行为共享、代码共享的优势，很好地解决了应用程序函数同名问题。

⑤类、实例、方法、消息。类（Class）是一组相似对象的定

义，如图 6.2 动物演绎分类层次结构图，有鱼类、鸟类、哺乳类、蹄类等。其所包含的方法和数据，描述一组对象的共同行为和属性，以说明该组对象的能力和性质。类是对象之上的抽象，有了类，对象就成了类的具体化——实例。

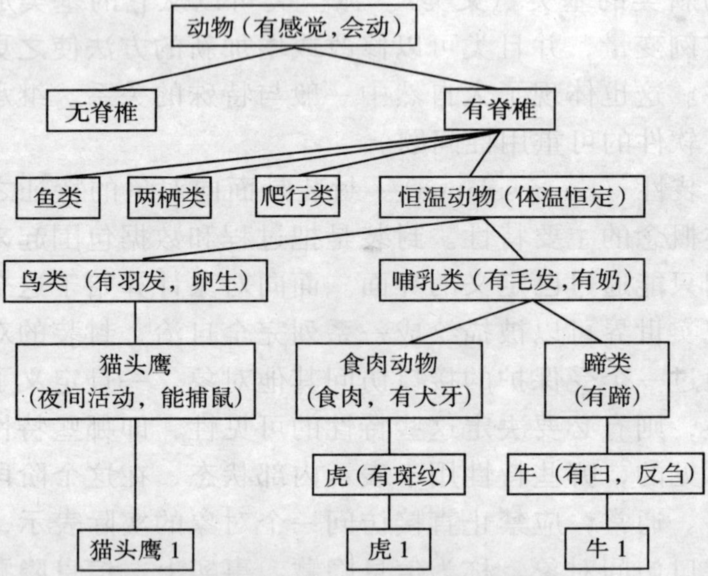

图 6.2　动物演绎分类层次结构

实例（Instance）是由类创建的具体对象，类与实例之间的关系可以看成是抽象和具体的关系。动物演绎层次结构图中，“牛 1”、“虎 1”都可以看做是具体的实例。

方法（Method）是定义在对象上描述对象行为特征的操作，它是实施对象操作和访问的接口。如前所述，有主动（方法、行为）和被动（事件、响应或反射）之别，不同软件开发平台的叫法可能会不一样。

消息（Message）是一种对象与对象相互作用和相互协调的机制。对象之间相互的操作、调用和应答都是通过消息的发送和接收实现的。这好像人与人之间通过打招呼而不是按照既定的程序交流一样。消息是需要接收对象执行某些活动的信息，接收对象可以根据具体情况选择是否进行消息处理。消息是面向对象思想有别于其他程序设计思想的一个关键机制。

在程序设计时，面向对象思想使编程和设计变得轻松，但确切而具体理解面向对象思想的确不太容易。特别是现在，将其转移应用到新产品开发的组织设计当中，不理解其思想本质是很难想通的。前面先阐述了给予对象的一般理解，而后才说明面向对象思想的来由，目的是告诉大家，面向对象思想除了可以运用于计算机软件程序设计及相关领域外，还可以运用于其他领域。

6.3.2 面向对象团队设计

“面向对象”的最初使命是为了应对“软件危机”或解决复杂的软件难题。而目前，面向对象技术已不仅仅局限于程序设计领域，已经逐步渗透到了软件开发、系统模拟和仿真、CAD/CIMS、图形处理、数据库组织与管理、人工智能和体系结构等计算机领域的各个方向，许多专家学者已开始从认识方法论等基础理论的角度研究这一方法，面向对象已经出现了系统、技术、语言、工具/环境和方法学等研究分支[213]。在组织设计中运用面向对象思想是一个尝试，目前从文献资料中和 Internet 上还没有发现这样的想法。

在使用面向对象思想进行组织设计的时候，人们会建议使用委托代理——被认为是面向对象更高级的形式，其来自于面向对象，但对象能够自治和受理委托。然而，在本书面向对象思想被认为是最基本最成功的方法之一，对象自治和受理在面向对象动态组织设计模式及一定的制度下会很容易实现，因为人的群体本身就能够自治和受理委托。为了强调面向对象思想的根本性与尝试性，本书仍然使用面向对象概念。

本章对组织设计理论和面向对象思想进行了必要的阐述，关于组织设计理论，阐述了组织理论的发展过程，其中不同历史时期对应着不同的“人”的认识，也相应地出现了对“人性”的假设。有了人性的假设，也便有了相应的组织理论。

关于人性假设的理论有很多，归纳起来有四种，即经济人假设、社会人假设、自我实现人假设和复杂人假设，如表6.5所示。其他的还有双因素理论、Z理论、成熟理论、期望理论、公平理论，等等[222]。

表6.5　人性假设理论[222]

理　论	假设要点
经济人假设 ——X理论	●多数人天生懒惰，尽可能逃避工作；没有志向和责任心，期望别人来领导；不关心组织要求与目标，只关心自己，个人目标与组织目标相矛盾；缺乏理性，不自律，易受人影响；工作目的在于满足生理与安全的需要 ●少数人有抱负、勤奋、富有献身精神，能够自己激励自己、约束自己，这些人应当负起管理的责任
社会人假设	●工人不是机械被动的机器，是活生生的人 ●不是孤立的个体，而是复杂社会系统的成员 ●重视社会需要与自我尊重需要，而轻视物质需要与经济利益
自动人假设 ——Y理论	●人生来就勤奋，如无不良条件限制，运用体、脑力工作，同休息一样 ●外来控制和惩罚威胁并不是促使人为实现组织目标而努力的唯一方法。人在达到自己所承诺的目标过程中，能够自我约束、自我控制 ●如果给予机会，职工会自愿地把其个人目标与组织目标结合成一体 ●职工在适当条件下不但能够接受责任，而且会追求责任。逃避责任、缺乏雄心和强调安全是经验的结果，不是人的天性 ●许多职工都具有解决组织问题的想象力、独创性和勤奋精神 ●现代工业生活条件下，一般职工的智慧和潜能只被用了很少一部分
复杂人假设 ——超Y论	●人们怀着许多不同的动机和需要工作，但最主要的需要是实现胜任感 ●胜任感因人而异，不同人有不同的满足方法，要看这种需要与个人其他需要——如权力、地位、待遇、自立、成就、归属感等——的相互作用如何 ●当工作性质和组织形态配合时，胜任感最容易得到满足 ●当目标达成时，胜任感可以被继续激励起来 ●一个目标达到，另一个新的、更高的目标又产生，连续运动，不断发展

面向对象思想的要求或设想如何来看待人性假设呢？面向对象思想会有什么样的组织设计构想呢？下面分析面向对象思想的基本设想及在组织设计理论中运用的可行性和可能性。

（1）面向对象思想如何认识“人”

中国的孔子与荀子的“性善论”与“性恶论”可能是最早的关于人性的讨论，这无从考察，也无从验证。但可以肯定的是，这代表着两个极端，真正的“人”介于二者之间，在趋利避害的同时，也有着利他主义的一面。单纯地将人一出生便定义为善人和恶人是机械的。人有别于动物，不仅有物质的一面，而且还有精神的一面，就是人格，涉及权势、地位、荣誉等。人性的讨论直接关系到人的管理，所以上述不同的人性假设都对应着一定的管理和激励措施。有的考虑人的物质的一面多一点，就使用单纯的物质刺激；有的考虑人的精神的一面多一点，就使用精神激励和管理。那么面向对象思想如何考虑？

在前面对象理解的讨论中，说明了对象的两种行为，即主动行为和被动行为。对象这两种行为的出放，需要有一定的根据，根据的基本着眼点也是人性。人们清楚地知道，人比动物的学习能力强，不仅是技能层面，还有知识层面。比如一个在中国的工人，可能永远也不出国，也不遇到外国人，但他知道英语单词，如“thanks”，这只是知道，也不会有任何用，但知道与不知道的差别就不用说了。理论的发展，必然使人性的讨论趋于折中。但人的学习性必然会使人在知识层次和技能层次上存在着差别，也就会使得人在需求上存在着差别，使人在得到相同报酬时会存在着不同的体会，使得人会从事不同程度和方面的工作，使得人在报酬上存在着差距。即使假设都出生在一个家庭，情况依然如此。几乎每一个人都喜欢少付出多回报——企业理论更如此，只是有些人会感觉羞愧，有些人会感觉无所谓，所以说人是复杂的。

那么，到底该如何理解“人”呢？人的主观性与客观性说明了人的物质性和精神性。客观上要求人的底线是生存，主观上会随着不断学习逐渐增加物质和精神的需求。有时物质体现着精神，比如有了钱，就感觉到比较体面；有时精神带来物质，比如因荣誉而得到的奖励。面向对象的思想就是从人本身出发，把人看成活的，不是“木头”，也不是“神”。正是基于此，便不难理解“海尔员工自曝管理内幕”的不满情绪。[230]作者吴鸣从新员工入职到海尔的创新，从海尔的工作时间到海尔的以人为本的理念等方面，通过自己的经历描述了海尔这个唯一具有世界级品牌的中国企业的典型内部实际情况，这使我很快联想到了前些年有关马骏仁教练的内幕报道。

从吴鸣揭露中，可以发现海尔管理上的不足，但也正好道出了海尔过去的成功。海尔从过去亏损状态到今天成为世界公认的品牌，没有实际的东西而仅靠吹捧是不可能的。许多保健品企业垮台就是反例。“用人原则——赛马不相马（原文是这样，我想该为既相马又赛马）”、“责任原则——事事有人管，人人都管事”、“目标原则——日事日毕，日清日高”、“成本原则——货比三家”，等等，这对于一个制造企业应该是有效的，这也正是海尔质量和效率的保证。且不说“编者按”给予作者偏激的评价，姑且当其是事实，也的确说明海尔存在一定的问题，没有哪个企业是完善的，就像一顿饭不能合所有人的口味一样。

现在从“人”的角度来看看问题所在，从吴鸣的叙述中可知，吴鸣是大学生，其思想的角度应该精神多于物质，且拥有对“人”更多的理解与需求，即其有一个企业应该如何对待人的框架，或者其在进入海尔前有一个设想，当实际工作与其设想差距较大时，便产生了“情绪”。这好比去见一个人，事前听说是某某长、某某家，可一见跟个农民差不多（比如科学家袁隆平），就觉得“不像话”。说到这里，就是要求个人在考虑集体或企业目标时给予企业及大环境认识和理解，有时需要“人”来适应环境，尽管需要“人”来改变环境。

从海尔角度出发，说明海尔目前在用人上存在着一定问题，像华为一样，“每年，人员流动率都很高，特别是本科以上学历人员”。另外也说明，海尔实际不需要那么多大学生或更高学历的人，同国内许多企业一样，可能是做“门面”，或“写写报告，吹吹牛”。吴鸣找不到发掘自身价值的感觉，这种自我实现的需求就得不到认同和激励。加班的确也是这些企业（包括华为在内）的不良因素，加班只能增加产量，但不能增加创意，且显得小气和不人道。

面向对象思想考虑人的客观物质和主观精神以及中间相互转化和发展，对于海尔一线的师傅来说，可能就没有这样的“情绪”，能拿钱能养家不下岗，而且还在海尔这样世界知名企业，是值得珍惜的。至于苦干、加班，在新中国成立前后和当代企业也是常有的事。而大学生或更高学历的人就会有不同的认识，除了钱外，能不能尽快尽好地发展是更重要的事，而且他们的“参政”精神特强，眼睛也厉害。这也是国内许多企业不愿要高学历员工的重要原因之一，要了也留不住。这样的问题对于海尔或其他知名企业来说都是值得考虑的，等级、机械、呆板都是高层次人的束缚。所以，在今天受教育成为普遍的情况下，将来的企业不能不考虑“人”的层次，要人尽其才，人尽其用，而且更要考虑知识员工的“复杂性”。下面是一个令人深思的案例[109]：

2005 年 8 月，中国一批国有企业的高层主管在哈佛商学院接受为期三个月的培训。在上《管理与企业未来》这门课时，美国教授给了大家一个具有测试性质的案例，内容是根据下面三家公司的管理现状，判断它们的前途。

- 公司 A：八点钟上班，实行打卡制，迟到或早退一分钟扣五十元；统一着装，必须佩戴胸卡；每年有组织地搞一次旅游、两次聚会、三次联欢、四次体育比赛，每个员工每年要提四项合理化建议。

• 公司 B：九点钟上班，但不考勤；每人一个办公室，每个办公室可以根据个人的爱好进行布置；走廊的白墙上，不会有人制止信手涂鸦；饮料和水果免费敞开供应；上班时间可以去理发、游泳。

• 公司 C：想什么时候来就什么时候来；没有专门的制服，爱穿什么就穿什么，把自家的狗和孩子带到办公室也可以；上班时间去度假也不扣工资。

教授发完答题卡后让大家根据各自的管理经验作出判断。最后，96%的人认为第一家公司会有更好的前景。

测试完毕，教授宣布了三家公司的真实身份：

• 公司 A：广东金正电子有限公司。1997 年成立，是一家集科研、制造为一体的多元化高科技企业。2005 年 7 月，因管理不善，申请破产，生存期九年。

• 公司 B：微软公司。1975 年创立，现为全球最大的软件公司和美国最有价值的企业，股票市值 2883 亿美元。

• 公司 C：Google 公司。1998 年由斯坦福大学的两名学生创立，目前每股股价 402 美元，上市一年翻了 3 倍，超越全球媒体巨人时代华纳，直逼百年老牌可口可乐，也是唯一一家能从微软帝国挖走人才的公司。

互联网有人申辩说管理需要经过经验管理、制度管理、文化管理三个阶段，公司 B 与公司 C 属于文化管理，而公司 A 停留在制度管理阶段。也有人认为，公司 A 产品一直不错，破产的真正原因是广东金正拖欠了中国农业银行8000万元的贷款超期不归还所致。的确，市场有许多瞬息万变因素在成就一些世界级品牌企业的同时，也会导致许多公司破产。但这个案例给中国国有企业的高层主管以深刻的启迪，而且也说明了一个主题——自由是智慧的源泉，至少明白管理前面有一个文化管理阶段，然后不断努力。在知识经济的今天，企业需要的不仅是提高生产或工作效率，而是要发挥员工潜在的创造力。

(2) 面向对象思想如何思考群体关系

面向对象思想如何考虑群体关系，不是说面向对象思想能产生什么样的群体关系，而是面向对象思想的运用需要什么样的群体关系。

①员工与领导的关系。前面讨论了对“人”的认识：物质和精神互动的对象。对于一个创新性企业，期望的知识员工应该占多数（如果吴鸣继续在专业上成为海尔的专家，那可能就不是写报告了）。如果不是社会需求，社会教育扩大化也会使知识员工占多数，这给企业带来好处，也给企业带来“麻烦”——能够发现隐蔽问题或不良现状，这对于不明智的领导者来说的确是不愉快的。这样的后果势必会削弱领导的地位和形象，领导不会再高高在上或武断专行，即使能够通过经济奖惩使得员工暂且占下风，但长久胜利是员工的，员工可以选择领导。如果是这样的话，不如现在把这种情况提出来，使做领导的有所准备。

社会的不断进步和历史演进的过程也是管理理论不断发展和完善的过程，是“人性”趋于人性的过程，是组织理论和机构设计不断前进的过程。直线职能式、事业部制、模拟分权式、矩阵式各种形式的委员会[202]等是组织结构发展的几种基本形式。在这些组织形式里，领导对员工是：命令、任务、管理、控制、奖惩等；员工对领导是：服从和执行。而面向对象思想设计期望这一切发生变化，领导对员工是：协调、请求、辅助、集成、费用；员工对领导是：分析、响应。员工有权力不响应领导，而且不是员工的错，需要领导找问题所在，再找到解决问题的办法。比如吴鸣所述的购买杀毒盘之事，应该由部门领导先拿钱垫付或部门领导说服员工自己拿钱垫付，然后再报账。这样理解的出发点是，员工与领导互为顾客，是平等的。这样说来，有人会说这领导就不是领导了，领导该是什么后面再讨论。

②群体之间的关系。以前的直线职能制，一线员工上面会有很多层不同级别的领导；到了矩阵式，除了部门领导外，员工还要听从项目经理的指挥。

面向对象思想倡导群体之间知识学习、信息共享、方便交流、快速加工的文化氛围，期望一种扁平的、动态的、学习的组织形式。所以，需要打破原有固结的、呆板的部门式结构，每人都可以参与决策，都可以通过多种方式与企业高层进行交流。原有的部门制改为群体制，群体与群体之间允许重叠，即一个人可以划归到多个大群体或小群体。这不是全部范围的改动，比如财务部、人事部等仍然可以保留，需要改动的是研发部、生产部和市场部，改动成为研发群体、生产群体和市场群体，充分利用高层次人才从事信息加工、分析和决策的优势，如图 6.3 所示。

这说明了研发、生产和市场功能的紧密性，三者紧紧围绕“以顾客为中心”的理念，将产品从创意到原型，再到顾客的过程中，保证了信息和物料加工的及时性。

- 群体里的人，不受领导的约束，只围绕一定的新产品项目进行充分有效的合作。
- 新产品项目负责人可由这三个群体里的人员申请产生，也可以由外部人士担任，一切任务的发送只是请求性的，而不是强制性的，并附带一定的费用，以供作业人参考。
- 群体负责人由群体选举产生，因为负责人不带有附加的特

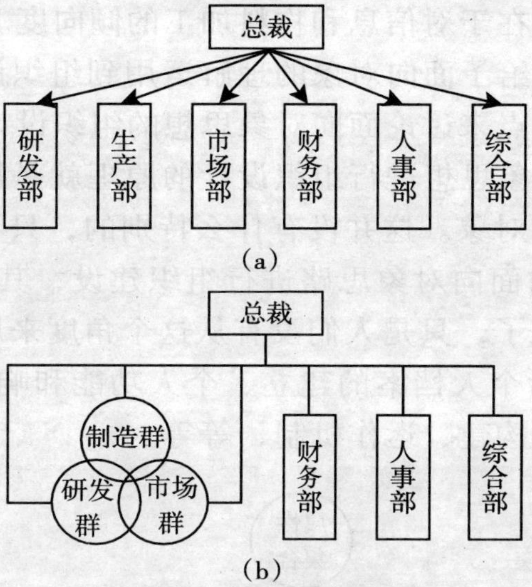

图 6.3 组织群体设计

权，除了一定津贴外没有其他好处，所以可以避免对这种实干型职位的追逐，另外，还可以使真正为公者发挥其奉献精神。

● 群体需要分为专家和助手，将实验室的管理机制引入到群体中。助手在一定程度可升为专家，发挥个人积极性、创造性。

（3）面向对象思想组织设计原理

前面讨论了面向对象思想所需求的“人”的假设和“人”的群体关系，说明了创新型企业与普通制造型企业的差别。制造型企业制造的是成熟的产品，在无研发或低研发的情况主要进行物流加工，只要能做好物料需求计划，按照市场需求准时生产就可以达到目标。所以，普通制造型企业的组织结构没有什么特别要求，事业部制、模拟分权式、矩阵式和委员会等都是较好的组织形式。创新型企业的目标是不断地创新，持续推出新产品，倾向于研发与市场，是新产品开发的前端，可以运用先进的柔性制造技术和管理方法迅速完成对新产品的试制。所以创新型企业与制造型企业的区别在于对信息和物料加工的倾向度。

如何将前面给予面向对象的理解运用到组织设计中呢？下面从面向对象的特点来讨论面向对象思想的组织设计。

采用面向对象思想进行组织设计的原理就是把“人”视为对象，把组织视为对象。这并没有什么特别的，只不过是按照计算机方法学里面的面向对象思路进行组织建设，其实“人”和“组织”已经是对象了，只是人们没有从这个角度来思考组织设计问题，其内容包括个人档案的建立、个人功能和响应行为的评估、功能群体的动态构建、运作机制，等等。

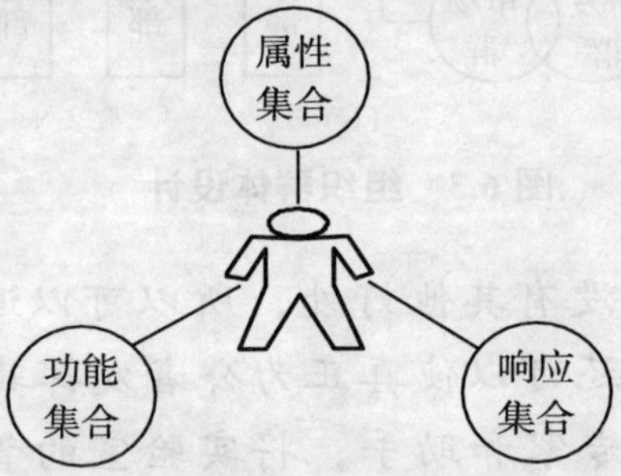

图 6.4　对象“人”

①建立个人档案属性。面向对象组织设计第一步就是对个人信息的管理，个人信息也就是个人的属性集合，包括个人的学历信息、工历信息、专业方向、兴趣爱好、性格特征、家庭信息、社会交往、职称级别、工作成就等。这些信息在许多企业都是现成的，大部分归人事部管理，也就是个人的档案。一旦员工被招聘进来，档案就处于沉睡状态。面向对象思想需要把个人档案信息激活，为动态组建功能群体和评估个人功能和响应行为提供依据。

②评估个人功能行为及响应行为。有了个人的属性集合，就可以知道这个人能够做什么——功能，是制造专家，是设计专家，还是市场专家等；也可以知道这个人做过什么——响应，成

绩显不显著，能力强不强等。因此，从属性集合信息初步实现对一个人的功能行为和响应行为的判断，但人是变化的，甚至是伪装的，如何能够得到真实的信息呢？需要建立一套动态评估机制，实现对个人的工作和响应的评估，比如，评估对任务响应的质量和速度，等等。

③功能群体的动态组建。图6.5表示项目负责人或项目经理对图6.3中研发、制造和市场三个群体的请求。比如说一个新产品创意需要专家进行评估，该创意负责人就要动态组建一个创意评估组，对指定的一个或多个创意进行评估。为什么是动态的呢？在第4章里，谈到了个人工作排程问题，如果合适的专家没有空闲，负责人就要另外搜寻评估人。功能群体的动态组建需要网络和软件支撑。

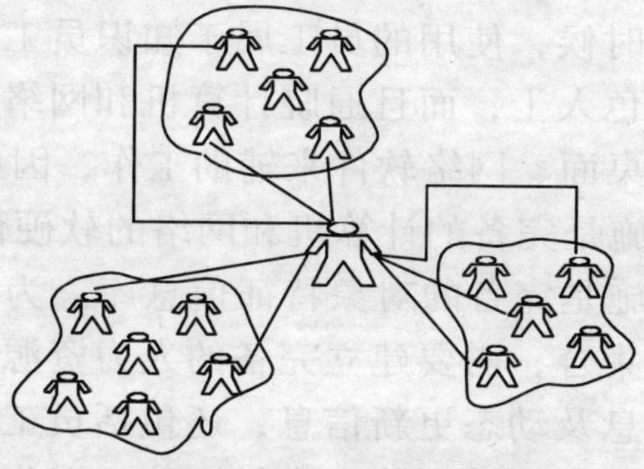

图6.5　任务的请求与响应

在设计评估组前，有关负责人需要定义评估的属性集合，即评估组内专家满足的特征公共交集。同时还要定义相对应的功能集合和响应集合。这有点像编程，有集合对象——容器和窗体、控件对象——按钮和输入框等，编程者可以为对象设计新的属性集（Attributions）并定义新的功能方法（Methods）和响应事件（Events）等。

④运作机制：变传统指令为委托信息。面向对象机制重在消息请求与响应，负责人可以选择对功能群体进行组建、补充和选择，但不能对功能群的专家进行“强制命令”，对专家的约束机制是一套评估机制。根据专家或员工的历史档案信息，根据其已有的工作成绩及任务响应效果对其进行工作态度、工作业绩方面的评估，并折算成为其基础工资。员工可以收到即时任务费用——负责人向员工请求时附带的信息加工费用，这对项目成本的核算来说非常方便。这就像医院医生每天收到的挂号单，或像化验员收到的化验单，负责人的功能行为是发起、请求、说明、收集和综合。

⑤保障措施。本书提倡使用面向对象的出发点是针对新产品开发特点提出的，该特点有自身的多信息处理、前端模糊性和不确定性，也有外界计算机和网络技术的发展因素。毫无疑问，在加工和处理信息的时候，使用的员工属于知识员工，都是某一方向或某一专业的出色人士，而且通晓计算机和网络工具，能够实现网上通信并使用桌面、网络软件来辅助工作，因此：

第一项保障措施是完备的计算机和网络的软硬件设施。

第二项保障措施是完备的对象特征信息库。为了建立动态获取员工属性、行为集合，需要建立完备的人力资源信息库，包含员工现有的档案信息及动态更新信息，还包括员工的任务响应信息。这样就可以对员工的响应能力进行评估，以作组建和选取面向对象团队的参考。

第三项保障措施是前端动态组织设计软件。有了员工对象特征信息库，靠手工进行评估、挑选是一件困难的事，而且几乎是不可能的。所以，设计一套动态组织设计软件是必需的。

第四项保障措施是员工费用的计算与兑现。在这里，费用是员工进行任务响应的最高依据，如果有两个责任人对员工发出类似的请求，员工有权在任务到期前优先考虑费用多的任务。任务费用可以使用记分或入卡的方式进行，并在月末进行现金兑现或入银行账户。这可以说是按劳分配，但也要保证员工的基本工薪（底薪）及一定福利待遇等。

第五项措施是倡导一种自我学习、自我发展、精诚合作的文化氛围，淡化权力意识，追求务实精神，激发创新意识（不是强迫）。

（4）面向对象组织的可行性与优势

使用面向对象思想进行组织设计是从人类认识事物的本性出发，重新认识自己和组织。特别对信息加工的新产品开发前端更是如此。面向对象思想极力淡化权力意识，发挥员工的自主性和自治性。只要员工努力地、积极地、及时地、保质保量地响应任务，员工就可以得到应有的报酬及奖赏；更重要的是，控制了信息加工的成本。项目负责人可以根据经验和具体情况分配不同阶段的加工费用——成本，员工和负责人之间请求——响应机制不会使得员工感到压制，也不会使得员工产生抵触情绪。因此，面向对象团队具有如下优势：

①员工自由化。从上述的设计需求可知，面向对象团队成员不受如过去部门经理、项目经理等纵横管理人员的约束，员工本身可视为自己的领导，也可凭借自身的机会和能力申请项目负责人。

②信息成本可计算性。因为项目负责联系人在向知识员工发出请求的时候，也附带预算好的费用，这样，当信息流程走向新产品开发项目确立时，每一细节都十分清楚，实现前端信息加工的成本 ABC 法。

③权力意识淡化。这里提倡和主张淡化项目或群体负责人的权力，是为了避免管理人员因滥用权力而造成不公及因此而伤害员工情绪导致无效率的拖延。在知识员工面前，管理就是服务。因为，大家在得到合理报酬的时候也更加希望得到尊重，且每一个知识员工都很有自己的见解，具有高度的自觉性和自律性。因此，项目负责联系的管理角色的重点不是要知识员工服从命令，

而是要从整体项目出发，合理统筹费用，制订新产品开发计划，并为团队提供合作的环境和良好的发挥创造性的条件。

④合作性增强。员工为了完成一定信息加工任务，需要理解项目的背景，甚至是全局性的。所以，员工需要紧密合作，发挥自己的见解。因为决策是按照一定的模型（如模糊数学或层次分析法等）进行多因素、多目标决策，所以每一个人都不可能强加自己的观点。

⑤组织动态性。为了适应市场的需要，企业需要不断地进行快速创新，因此，也需要储备多方面的人才。项目的多变性及市场需求的复杂性决定了组织的动态性。一个人可能具有多种功能行为，但一个人也不能是万能机器，能够包揽全部细节。组织的动态性、交叉性、学习性、合作性是面向对象组织的重要特征。

⑥组织学习性。学习型组织（The Learning Organization）是在 20 世纪 80 年代由美国麻省理工学院的彼得·圣吉（Peter M. Senge）正式提出的[197]。他认为学习型组织具有如下特征：组织结构扁平化、组织交流信息化、组织开放化、员工与管理者关系由从属变为伙伴、组织能够不断调整内部关系特征等。由此可以明显看出，面向对象设计组织具有“学习型”组织的共性，与学习型组织一样能够精于知识创造、吸收和转化，并能够精于运用新知识和远景目标调整自身行为。

（5）面向对象组织的适用性

对于纯粹的制造或销售企业面向对象思想并不一定合适，尤其是在管理上对权力淡化的假设。比如前面海尔的例子，质量的保证有时就显得没有人情。然而没有“苛刻”的限制和管理，就很难保证产品的质量和产量。信息的创造和加工与物料加工不同的地方是：前者的人工属于信息性知识员工，是不能够重压或逼迫的；后者则更强调行动的一致性和协调性。所以，根据具体情况，对于制造阶段来说，采用传统组织形式可能会更加有效。

7 加速新产品开发网络集成模型

本章在阐述新产品开发流程基本概念及现代计算机网络前沿技术的基础上，参考前述章节内容，设计了一种新产品开发网络集成模型。该模型以阶—门模型为基础，并与现代计算机网络技术相结合，极大地体现了以顾客为中心的现代市场化经营理念，并使用面向对象团队代替原有的交叉功能团队，进一步改善了研发流程，有效地缩短了新产品开发周期。

7.1 新产品开发流程

产品开发流程是指企业用于创意、设计和商业化一种产品的步骤或活动序列。在第 2 章已经阐述了新产品开发的一些基本概念，其中包括新产品开发的大致流程。产品开发流程是企业内部活动组合，不仅不同产业的流程不一样，同一产业不同企业的开发流程也存在较大差别。然而在产业内部，新产品开发流程从大的方面是一致的。表 7.1[159] 列出工业企业的一般新产品开发流程不同功能下的职能，分为计划、概念开发、系统设计、详细设计、测试与改进产品推出六个阶段。该流程体现出一定的交叉功能的特点，即同一部门从事新产品开发过程的全部或部分活动。

表 7.1　工业企业一般新产品开发流程

功能	计划	概念开发	系统设计
营销	• 表述市场机会 • 定义细分市场	• 收集顾客需求 • 识别领先用户 • 识别竞争性产品	• 完善产品属性和扩展产品族计划
设计	• 考虑产品平台，系统结构 • 评价新技术	• 调研产品概念可行性 • 开发工业设计概念 • 建立并测试实验原型	• 常规替代产品体系结构 • 定义主要子系统和界面 • 改进工业设计
制造	• 识别生产限制 • 建立供应链策略	• 评估制造成品 • 评估生产可行性	• 识别关键部件的供应商 • 执行自制与外购分析 • 定义最终装配计划
研究	论证可用技术		
销售			
财务	提供计划目标	盈利分析	自制外购分析
法律		调查专利权	
服务			识别服务内容
其他	分配项目资源		
功能	详细设计	测试与改进	产品推出
营销	• 制订市场计划	• 改进和优化物料 • 便利性测试	• 向顾客提供早期产品
设计	• 定义零件设计图 • 选择物料 • 制定公差 • 完成工业设计控制文档	• 可靠性测试 • 性能测试 • 获得调整许可 • 实现设计更改	• 评估早期产品产量
制造	• 定义零部件生产流程 • 设计加工 • 定义质量保证流程 • 开始加工	• 供应商便利性提供 • 改进制造和装配工艺 • 培训劳动力 • 改进质量保证流程	• 开始整个生产系统运作
研究			
销售			发展销售计划
财务			
法律			
服务			
其他			

表 7.1 描述的是新产品开发的一般性流程或是基本流程，非常类似市场拉动情况下使用的流程，企业从具有市场机会的产品研发开始，然后寻找可以满足市场需求的技术，即市场拉动了开发决策。然而，除了市场拉动型外，还有平台型、流程密集型、顾客化及技术推动型等。表 7.2[159] 总结了不同类型新产品开发流程与基本流程的差异。

表 7.2 基本开发流程的偏离点总结

	基本型（Pull）	技术推动型	平台型	流程密集化	顾客化
描述	企业开始于市场机会，然后找到满足顾客需求的合适技术	企业开始于一项新技术，然后找到合适市场	企业假定新产品将围绕已有产品的同技术子系统建立	产品的特征受生产流程的高度限制	新产品已有结构的略微变化
差异		使技术和市场匹配的附加首创活动，概念发展假定某项技术存在	概念发展假定一个技术平台	从一开始就要对流程和产品共同开发，或者已有生产流程必须从一开始就被分离出来	项目的相似性导致一个高度结构化的开发流程，开发流程与生产流程非常相似
例示	运动器材、家具、工具	Gore-Tex 雨衣、Tyvek 信封	面对消费者的电子产品，如计算机等	快餐食品、谷类食品、化学产品、半导体等	开关、摩托车、电池、容器等

第 3 章提及阶—门模型是一种有效管理、指挥和控制产品创新的工具。每个阶段（Stage）都包含一套事先定义的并行活动，参考产业内最好的实践。每一个阶段活动被并行执行，且使用交叉功能团队，增强了对市场的响应；门（Gate）或者关口是高层领导决定是否继续供给项目资金的决策点，决策的结果是通过、否决、保留或循环项目。门也是评估其他方面的质量控制检查点。Robert G. Cooper 作为世界级有说服力的专家，他认为使用阶—门模型的优势有以下几个方面[219]：

①使混乱的过程变得有规律；

②提供改善的集中点或关口门，以过滤掉不经济的项目，并努力定位到更多、更有希望的产品和项目；

③保证全面流程无错误、无省略，保证没必要步骤的遗失；

④将顾客之声融入到新产品项目中；

⑤过程可视、相对简单，且容易理解和交流；

⑥需求清晰，每一个阶段和门的项目团队及领导期望被清楚地说明；

⑦将资源委托划分成小块或阶段，阶—门模型能够管理业务风险，在前端通过更多的花费以提高成功率。

“阶—门流程模型”减少市场响应时间也是因为[219]：

①前端准工作中更清晰的产品定义加速了开发阶段，减少反复及时间上的浪费；

②清晰定义的门使决策更快；

③使用交叉功能和并行工程，新产品过程不再是接力赛跑。

因此，阶—门模型也被认为是一个显著的、相对简单的、易于理解和沟通的成功创新蓝图，是一个灵活的、多功能的系统，它能够实现新产品开发：通过较少的重复工作、早期的失败探察、更短的周期、更好的推出、改善联合作业来提高新产品开发的成功率[72]。

为了使阶—门模型发挥更强的优势，本章设计了一种新产品开发网络集成模型，以阶—门模型为基础，并与现代的计算机网络技术相结合，极大地体现了以顾客为中心的现代市场化经营理念，并使用面向对象团队代替原有的交叉功能团队，进一步改善了研发流程，并能够有效地缩短新产品开发周期。

7.2 信息技术发展对新产品开发的巨大影响

7.2.1 计算机辅助设计发展的影响

计算机辅助设计（Computer Aided Design，CAD）是指工程技术人员以计算机为工具，用各自的专业知识，对产品进行总体设计、绘图、分析和编写技术文档等设计活动的总称。CAD 的功能一般可归纳为四大类：建立几何模型、工程分析、动态模拟、自动绘图。因而，一个完整的 CAD 系统，应由科学计算、图形系统和工程数据库等组成[172]。

CAD 技术带来的经济效益是十分可观的。美国科学研究院工程技术委员会 1986 年的统计分析是：降低工程设计成本 13%~30%；减少产品设计到投产时间的 30%；提高产品质量的量级2~5 倍；减少加工过程 30%~60%；降低人力成本 5%~20%；增加产品作业生产率 40%；增加设备的生产率 2~3 倍[191]。我国“九五”期间，“CAD 应用工程技术开发与应用示范”项目所创造的社会经济效益巨大，CAD 技术的应用已经辐射到机械、工程设计、船舶、航空航天、汽车、轻工和纺织等制造业。此外，我国 CAD 应用工程项目累计投入 24.3 亿元，新增产值 1073.2 亿元，平均投入产出比为 1:44.2。自主版权的 CAD 软件年销售额6.5 亿元，其中年产值超 3000 万元的 CAD 软件企业有 7 家，合计年产值近 4 亿元，集中度超过 65%。我国在 29 个省市、3 个行业组织实施 600 家示范企业，平均 CAD 应用普及率达到95.6%，覆盖率达到 92.8%、人均微机占有率达到 84%。这些数字充分说明我国的CAD应用工程从技术研发、市场培育、应用成果等方面正在走向一个新的时期[239]。制造业不仅“甩掉了图板”，而且进一步推动CAD朝着智能化、网络化和集成化的方向发展。

CAM技术从诞生到现在，经历了三个阶段：第一个阶段是指加工质量稳定、加工精度高。当CAM技术发展了曲面造型技术，人们开始大量使用复杂曲面进行产品设计。因此，产品的加工精度被提到首要地位。第二个阶段是指加工效率高、产品更新换代快。近年来，绝大多数关于NC（数控加工代码）的文章都是围绕多轴刀具轨迹生成和干涉检查与修正展开讨论的。第三个阶段是指加工的信息化、集成化和智能化。加工的智能化越来越被人们所重视。智能加工系统要实时跟踪产品的设计变化，从而产生相应的刀具轨迹及工艺工序报表。智能加工是当前CAM研究的热点。

早期CAE主要指有限元分析和机构运动学及动力学分析。近年来，随着计算机技术的迅速发展，CAE已经从对已设计产品性能的简单校核，发展到对产品性能的准确预测，再到产品工作过程的精确模拟。

CAPP是利用计算机辅助进行零件加工工艺过程的编制。通过向计算机输入被加工零件的几何信息（形状、尺寸等）和工艺信息（材料、热处理、批量等），由计算机生成该零件的工艺路线和工序内容等工艺信息。由于CIMS的出现，CAPP向上与CAD相接，向下与CAM相连，是连接设计与制造之间的桥梁。设计信息通过工艺设计生成制造信息，产品设计通过工艺设计与制造实现功能和信息的集成。

20世纪的70年代前后，企业在设计和生产过程中开始使用CAD、CAM等技术。新技术的应用促进生产力发展的同时也带来了新的挑战。对于制造企业而言，虽然各单元的CAX技术已经日益成熟，但仍存在“信息孤岛”问题。PDM正是在这种背景下产生的一项新的管理思想和技术。PDM 可定义为以软件技术为基础，以产品为核心，实现对产品相关的数据、过程、资源一体化集成管理的技术。PDM 定位为面向制造企业，以产品为管理的核心，以数据、过程和资源为管理信息的三大要素，PDM 进行信息管理的两条主线是静态的产品结构和动态的产品设计流程。

比尔·盖茨在《未来之路》一书中提到，在“波音 777”喷气式飞机的设计中，波音（Boeing）公司不再使用蓝图和模型，而使用数字三维模型。设计师不仅可以在计算机屏幕看到设计结果，还可以看到其内容各种不同的形式，并能用在纸张上无法进行的方式对设计中的任意部分进行修改。使用数字文件，波音公司节省了近 10 万张图纸，并节省了复制所需的人力和时间。三维设计已成为现实，目前，三维设计不仅可以在工作站进行，还可以在微机上进行。近年来，已经推出多种可以在微机上进行三维设计的软件[191]，国外如 AutoCAD（Autodesk）、Pro/Engineer（Parametric Technology Crop）、UG（Unigraphics Solutions）、CATIA（Dassault Systems）、Ideas Master Series（SDRC）、Solidwoks 系列（Solidwoks）、Cimatron（Cimatron）等（其中括号里为公司名称）。国内 CAD/CAM 系统起步晚一些，主要依靠高等院校的开发研制，这一类的软件种类较多，比如：具有自主版权的清华大学开发的 GHGEMSCAD（高华 CAD）；具有三维功能并与有限元分析、数控加工集成的浙江大学开发的 GS——CAD；具有参数化功能和装配设计功能的由华中理工大学开发的项目 CAD，该软件也是 CAD、CAM、CAPP 结合的软件，目前在国内市场中使用得也较多；北航海尔的 CAXA 系统是基于 STEP 的 CAD/CAM 集成制造系统，具有拖放式的实体造型并结合智能捕捉与三维球定位技术，在国内市场中出现较早，其功能相对比较强大，在国内的应用也较为广泛。以上种种国内的应用软件大都符合中国人的绘图习惯，符合中国的制图、制造标准，而且是全中文的界面，符合中国人的使用习惯。因此，近些年国产软件也得到了应用者的广泛注意[220]。

除了 CAX 系列软件外，相应办公化软件也提高了个人工作效果及效率，如文字处理（Microsoft Office）、图形图像处理（Adobe Photoshop）、项目编排（Microsoft Project）、流程图绘制（Microsoft Visio）等，有条件的用户可以自行研制所需软件。

还需要介绍的计算机辅助设计与制造技术就是快速成型技术。

快速成型（RP）技术是 20 世纪 90 年代发展起来的一项先进的制造技术，是为制造业企业新产品开发服务的一项关键共性技术，对促进企业产品创新、缩短新产品开发周期、提高产品竞争力有积极的推动作用。该技术问世以来，已经在发达国家的制造业中得到了广泛应用，并由此产生一个新兴的技术领域。RP 技术是在现代 CAD/CAM 技术、激光技术、计算机数控技术、精密伺服驱动技术以及新材料技术的基础上集成发展起来的技术。不同种类的快速成型系统因所用的成型材料不同，成型原理和系统特点也各有不同。但基本原理都是一样的，那就是“分层制造、逐层叠加”，类似于数学上的积分过程。形象地讲，快速成型系统就像是一台“立体打印机”，如图 7.1 所示[227]。

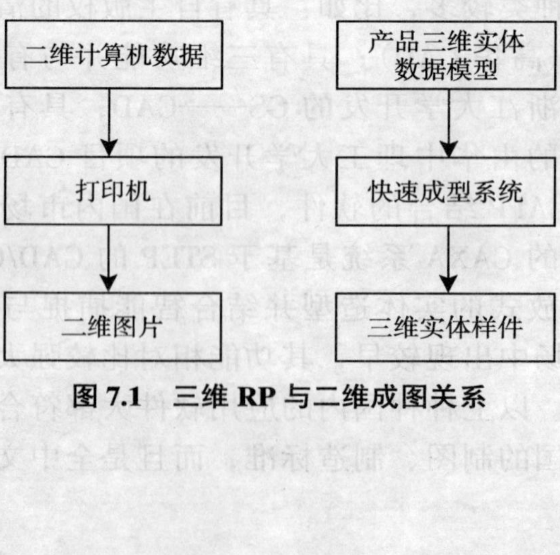

图 7.1　三维 RP 与二维成图关系

使用RP技术快速制造出的模型或样件可直接用于新产品设计验证、功能验证、外观验证、工程分析、市场订货等，非常有利于优化产品设计。RP技术的意义在于：①大大缩短新产品研制周期，确保新产品上市时间——使模型或模具的制造时间缩短数倍甚至数十倍；②提高了制造复杂零件的能力——使复杂模型的直接制造成为可能；③显著提高新产品投产的一次成功率——可以及时发现产品设计的错误，做到早找错、早更改，避免更改后续工序造成大量损失；④支持同步（并行）工程的实施——使设计、交流和评估更加形象化，使新产品设计、样品制造、市场订货、生产准备等工作能并列进行；⑤支持技术创新、改进产品外观设计——有利于优化产品设计，这对工业外观设计尤为重要；⑥成倍降低新产品研发成本——节省了大量开模费用；⑦快速模具制造可迅速实现单件及小批量生产——大大提前新产品推出时间，迅速占领市场。

7.2.2 数据库技术作用

CAD/CAM及现代的生产和技术等方面的管理系统都需要数据库技术的支撑。一方面，信息化的不断推进对数据库提出新的要求；另一方面，数据库的改进和发展为信息化软件提供更加合理和安全的信息存储、交换及转化机制。数据库技术从20世纪60年代中期产生至今，短短30多年已从第一代的网状、层次数据库，第二代的关系数据库系统，发展到第三代以面向对象模型为主要特征的数据库系统。数据库技术与网络通信技术、人工智能技术、面向对象程序设计技术、并行计算技术等互相渗透、互相结合，成为当前数据库技术发展的主要特征[184]。后台数据库系统与前端软件平台关系已经密不可分，这样既能很好地保持前端的“人性”交互，又能保证数据的海量存储及方便、快捷地提取和转化。

现代应用的动态特征推进数据库应用不断从传统领域向现代各个领域扩展，不同类型的应用可能有不同的特征、限制与要求，与传统应用比较而言，现代应用有以下动态特征[185]：

①复杂性。应用的复杂性包括应用语义复杂、活动复杂、操作复杂、行为对象复杂、执行处理复杂等。

②合作与协同性。各应用任务的执行不是独立的，它们在语义结构、数据、行为（操作）、时间、地点等方面有相互依赖性，因而有事务级的各种通信与同步问题要解决。传统数据库对此完全未加考虑。

③时间性。现代应用的时间性表现在两个方面：一是它们所使用的数据随时间的变化而变化，即不但要处理对象的“当前”值，还要处理对象变化的历史；二是应用处理的定时性，即查询和事务有定时限制，如截止时间等。

④主动性。许多应用能自动监控特定的情形（条件），一旦该情形发生（条件成立），能够自动反应并执行预先指定的活动，无需人工干预。

⑤过程不可逆性。在许多时间关键型、实时过程型和工程型应用领域中，应用工程是不可还原和重现的，或者由于工程是连续和“长寿”的，还原和重现也是毫无实际意义的。

⑥可取性。工程领域应用要求具有容错性及“应急”能力，可自动执行功能替换或补偿任务；或者干脆并行执行任务的多个版本，让至少有一定的版本正确执行，其结果一致。

因此，现代应用的数据特征也对传统应用进行了相当多的改善与扩充，主要特征如下：

①数据结构使用对象类型、对象联系和对象表示；

②数据特性表现为多维性、易变性和多态性；

③数据使用时，除了传统或常规的数据变更和查询（插入、

删除、修改、查询)，还可以进行一些特殊操作（如领域搜索、过程执行、时态查询、即席构造操作及用户自定义操作等）；数据对象在不同模式下具有互操作性；使用方式上具有主动性，数据与应用相互驱动；数据具有变化历史；数据正确性表现在值、时间（乃至空间）等多维正确性。

因此，现代应用要求数据库具有强有力的数据建模能力、新的查询设施、支持元数据处理技巧、强有力的数据存储与共享能力、高级的现代事务管理、先进的图形设施、“实时”的系统执行、触发器或主动能力。而实际上，现代数据库已经具有了复杂信息建模、多版本管理、模式进化及元数据处理、约束与触发器机制、现代事务管理、视图机制、强有力的数据共享、新的查询与数据操纵设施、分布与合作计算、一体化的图形设施、“实时”处理机制、先进的资源模型、有效的数据库保护、可扩展性[185]等。整体上，数据库包括面向对象数据库、时态数据库、实时数据库、主动数据库；体系结构上，数据库分为内存数据库、分布式数据库、并行数据库、多数据库或联邦数据库、数据仓库等；应用方面，现代数据库拓展有工程数据库、科学与统计数据库、超文档数据库、空间数据库和演绎数据库。

在阐述数据库发展时，有必要描述一下数据库仓库和数据挖掘这两个概念。

数据仓库是一种概念，不是一种产品。它包括电子邮件文档、语音邮件文档、CD-ROM、多媒体信息以及还未考虑到的数据。数据仓库最根本的特点是物理地存放数据，而且这些数据并非是最新的、专有的，而是来源于其他数据库。数据仓库的建立并不是要取代原有的数据库，而是建立在一个更全面和完善的信息应用的基础上，用于支持高层决策分析。数据仓库是数据库技术的一种新的应用，通过数据库管理系统来管理其中的数据[233]。

Gartner Group[234]认为，“数据挖掘是通过仔细分析大量数据来揭示有意义的新的关系、模式和趋势的过程，它使用模式认知技术、统计技术和数学技术”。The META Group 认为，“数据挖掘是一个从大型数据库中提取以前不知道的可操作性信息的知识挖掘过程”。可见数据仓库与数据挖掘，在概念上，前者是手段，后者是容器。原则上，数据仓库也是一种数据库，但不是数据源数据库，而是中间或结果数据库；数据挖掘则更强调技术和技巧，二者在概念上密不可分。

数据仓库和数据挖掘技术的发展与应用使得计算机和网络更进一步支持企业决策，使得企业决策的数据依据更加广泛和可靠，并为企业高层领导的查阅提供方便。当然，也能够为研发提供更多的创新源泉和更快捷的信息加工手段。

7.2.3 计算机网络及 Internet 技术意义

PC 机（Personal Computer）、操作系统和 Internet 是 20 世纪信息技术革命三个阶段性的飞跃[211]。从 20 世纪 40 年代 30 吨的 ENIAC 开始，经过了短暂的 30 年，PC 机从只能在专业地方由专业人员使用的“计算机”的定义中解放出来，变成了人们的办公设备和家电，在所有生活领域中扮演着重要的角色，增强人们的能力，协助或削减人们的工作，代替劳动力，增强智能运用的范围并将每一个人变成创造者；而且还能够应用、分析、合并、传输和修正每一个创意。现在的毕业生到企业工作，没有计算机是很难适应的，计算机的使用成为学生的必修课。美国微软公司 Windows 操作系统使得“PC 机”以更加友好的视窗界面呈现，普通人员不必依靠死记一系列操作指令，只要使用鼠标点击即可，这犹如相机的“傻瓜化”。因此，Windows 操作系统反过来又推动了 PC 继续升级（新应用对计算硬件及外设的要求）及使用的广泛化，是一次革命性的飞跃。微软理所当然地成为了操作系统方面的“领头羊”，总裁 Bill Gates 也理所当然地成为当今世界首富，而且，至此软件成为了一个独立产业。

计算机网络可以充分发挥计算机的效能，帮助人们跨越时间和空间的障碍。网络用户可以通过网络服务共享信息、协调工作，而不受地理范围的限制，也可避免由于时区不同所造成的混乱。例如：利用全球网络订票系统，用户可以在世界各个城市设立订票网点，就近订购多个航空公司任一航班的机票，订票过程简单、快速、准确无误，从而消除了时间和空间等自然条件限制给乘客带来的不便；医院可以使用网络进行远程医疗服务，病人能够在家看病，专家可以在办公室里看见病人，并进行诊断。前述企业 CIMS 系统、ERP 系统等及后面描述的协同商务系统都是以网络为平台。人们几乎可以使用网络进行一切生活中的信息交流，如写信、聊天、游戏、辩论，等等。Internet（因特网）是信息革命的第三个飞跃，使全球成为一体，实现人们以电子化的速度进行交流。Internet 是信息的海洋，里面无所不包。因此，企业可以充分利用 Internet 进行知识挖掘和消化。Internet 嵌入技术的开发使其成为人们生产和生活中一个融合现实和虚拟的舞台。Internet 的出现根本性地改变了企业传统的生产方式，供应链、虚拟企业是计算机网络改变企业经营活动最有力的体现。也因此，信息化是现代企业的象征，也是当今企业必须经历的过程。

7.2.4 协同商务概念

电子商务时代企业竞争的游戏规则发生了改变[229]：

- 从产品竞争到服务竞争；
- 从传统人、财、物竞争到知识和信息的竞争；
- 从以产品为中心到以客户为中心；

- 从业务处理到商业智能；
- 从大规模制造到大规模定制；
- 从企业内部到供应链系统；
- 从本土化到全国化、全球化。

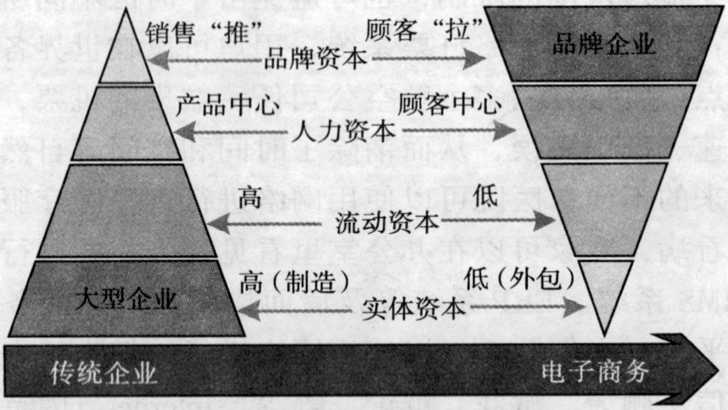

图 7.2　游戏规则转移示意图

企业如何应对全球化竞争的挑战？成功企业都有成功的经验：把先进的 IT 技术充分融入到商务活动中，建立更具竞争优势的商业模式（如 ERP、协同商务等），进行基于时间的创新、制造、销售和服务等全面竞争。

协同商务（Collaboration Business）自 2000 年初被 GARTNER GROUP 提出后，就一直是企业与 IT 界关注的焦点，在 ERP 领域内占据约 28%份额而风光无限的 SAP 把赌注押在了以 MYSAP.COM 为品牌的系列产品与服务上；以通用汽车（GM）、波音公司为首的经济巨子纷纷推出相应的服务以适应新的变化[225]。

什么是协同商务？“协同商务”一般是指企业与供应商、客户、合作伙伴以及雇员在信息共享的基础上协同工作。在企业内部，有各部门之间的业务协同、不同的业务指标和目标之间的协同以及各种资源约束的协同。这主要体现在：不同部门计划之间的协同，各层次计划之间，不同周期计划之间的协同，库存、生产、销售、财务部门间的协同，公司战略、战术、运作层次间的协同，长短期计划间的协同等。内容包括：企业内部信息资源的整合和综合利用——面向知识管理、经营管理与决策；企业内部应用资源的开发和业务重组——面向市场与客户需求的变化；企业内部及与外部的商务沟通——面向协同商务和电子商务[229]。

李际[225]认为，协同业务是在全球经济一体化的背景下，以Internet技术等为特征的新兴技术为实现手段，在企业的整个供应链内及跨供应链进行各种业务的合作，最终通过改变业务经营的模式与方式达到最充分利用资源的目标。“改变业务经营的模式”牵涉如下几点：“改变”所牵涉的范围（供应链的范围与跨供应链的范围）、新的业务模式（改变与新增的业务领域与操作模式）及新的业务方式（改变与新增的实现手段）。在一个完整的企业业务流程中所牵涉的所有环节，按照业务领域的不同大致可分为设计、商务与制造三个环节。对应这三个环节，企业虚拟业务（Virtual Business）组成部分分别是协同设计、协同商务和协同制造。

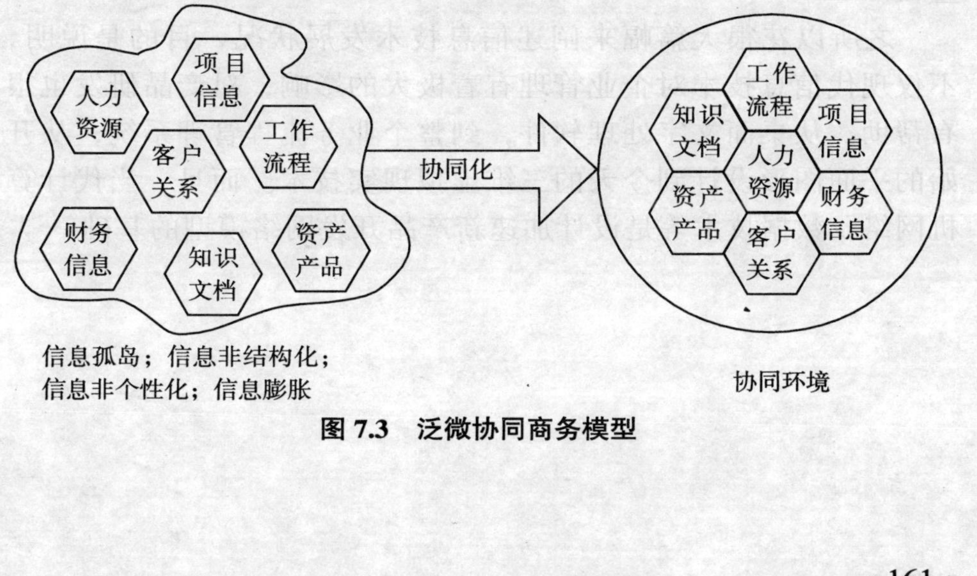

图 7.3 泛微协同商务模型

国内已有部分软件商推出了自己的商务系统，如上海的泛微公司[221]。泛微协同商务系统整体采用的企业信息网状管理图，在同一系统中，如果找到一个信息点，与这个信息点相关的所有信息都能被找到。例如，在泛微协同商务系统中，如果想找一位公司内部的销售人员，与这个销售人员有关的信息有：个人的财务信息（工资、福利、成本、费用）、管理的客户、管理的文档资料、管理的下属、操作过的项目、使用的公司资产、管理的公司产品、管理的客户订单、采购过的物质、以前的工作任务、现在的工作安排、以后的工作计划，等等。与这个员工有关的所有信息像一张网，通过员工个人资料这个信息节点被提取出来。泛微公司将此软件称之为协同商务，相对来说这个定义比较简单（多局限于企业内部），可能在实现和运行上更为实际。据此也可以说明，国内许多软件没有比较明确的界限，有时什么概念“热”，就叫什么，反正就是这些内容。这说明在企业信息化的今天，还有许多信息化管理上的概念需要界定和明晰，否则，会造成用户企业多平台软件功能上的重复、资金浪费及管理上的节外生枝。

之所以花很大篇幅来阐述信息技术发展状况，目的是说明，不仅现代信息技术对企业管理有着极大的影响，对产品研发也很有帮助。从桌面文字处理软件，到整个业务流程管理系统；从开始的平面图形设计到今天的三维虚拟现实技术。而且，当代计算机网络及数据技术等是设计加速新产品开发网络模型的基础。

7.3 加速新产品开发网络集成状态模型

可以充分看出，信息革命为企业研发及其他各方面经营活动带来了极大的方便。不仅有存储量大、运算速度快、外设多样及多功能化（这些方便的硬件及软件还在以较大速度刷新）的计算机辅助企业员工的日常工作和学习，而且计算机网络铺就了一条高速的信息道路——一个连接世界任何地方的虚拟市场背景（Intranet 及 Internet）。企业的传统经营方式及经营活动受到强烈冲击，这绝对不是赶时髦，戴尔成功地证明了这一切。因此，如何设计出在讲究以顾客为中心的经营理念及全球一体化的 Internet 背景下的研发流程是本书的一个重要方面，也是本书的总结性创新（充分利用前面几大创新点）。这不仅要求体现出顾客及企业员工的重要作用与地位，而且还要求能够在原有比较成功的阶—门模型的基础上，充分利用现有计算机网络前端技术，实现新产品开发快速化，或大大缩短新产品开发周期。

7.3.1 新产品开发集成网络模型组成

图 7.4 新产品开发网络集成模型包含了顾客动态交互、数据库集合和新产品开发业务流程三层体系，充分体现了“以顾客为中心”的经营理念、数据库技术成熟利用及面向对象思想的尝试。

（1）顾客动态交互

科技进步和社会的发展日益丰富着人们的生活内容，也日益提高了人们的知识水平。因此，企业所面临的顾客的知识结构和技术水平具有层次性。最常规的顾客可能只说自己需要什么样的

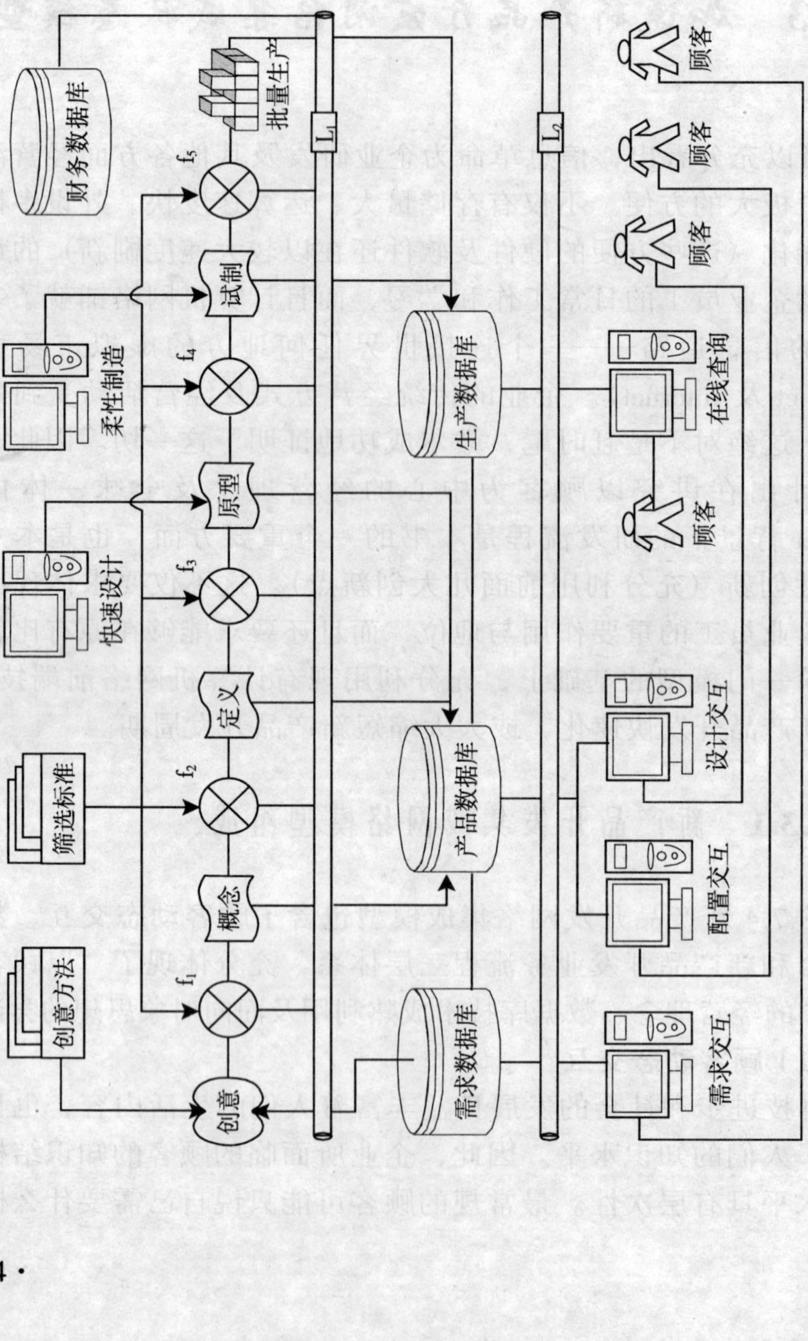

图 7.4 NPD 网络集成模型

产品或需要产品要具有什么样的功能，一般建立在书面或口头描述的基础上；有的顾客不仅熟悉所需产品的技术内容，而且对现代的计算机和网络技术也掌握不少，可以根据图纸或软件的配件库自动搭配，这些顾客可能比较有耐心和兴趣进行产品配置；还有更高层次的顾客，熟悉所需产品的设计，希望能够将自己的想法通过图纸或电脑设计软件反映出来，而其设计是企业目前所生产的。

①顾客需求交互。本书第五章重点阐述了顾客需求管理的重要性及顾客需求的科目分录分析方法。顾客需求交互是顾客动态与企业进行交互的主要形式，即使懂得需求产品配置或设计的顾客，可能会觉得进行配置和设计比较麻烦，或将其归属于"不挑剔"顾客。采用口头或书面描述对顾客本人来说是最方便的事，但企业必须能够将顾客的需求进行翻译，使之成为产品的功能要求或技术参数，甚至附带财务成本。因此，顾客需求管理和顾客需求的科目分录分析方法对企业进行顾客需求交互处理具有重要意义。

②顾客配置交互。顾客配置是顾客需求方面的第二层次，其重要条件是需要顾客懂得所需产品功能结构方面的知识，通过给定产品部件图形可以进行拼接组合成自己所需的产品式样。比如，在电脑市场上，许多顾客买组装电脑就是这样，即使有他人（朋友或销售商）代劳，但仍可以组合出适合自己的价位或性能需求的组装电脑。这也和电脑即插即用技术分不开。因此，这要求企业在产品设计上尽量体现标准化、模块化和通用化。

③顾客设计交互。顾客设计交互是顾客需求方面的第三层次，也是最高层次，也可以认为是顾客对企业新产品开发方面的参与。目前，制造业可能还没有达到这样的普及程度，在中国可能还没有开始。但在建筑业这样的思想已经相当普遍了。房产开发商将楼盘支架和总结构完成后，让顾客自己决定房内的厅室格

局，体现顾客中心的思想，这其实就是让顾客参与的设计。这也给制造业许多启示，考虑允许顾客参与局部能够体现出个性的设计。进入一个人的家庭，厅室布局和家具的摆设很能体现房主的家庭修养和个人的文化底蕴。因此，房内的厅室格局设计应该来源于顾客的需求。许多顾客自己不太懂建筑设计知识，可以请专家来解决这方面的问题，对企业而言就等于顾客自己参与设计。在信息时代的今天，企业需要客户化设计软件支撑产品配置和设计。当然，目前有许多通用设计软件（不同专业的 CAD，如机械 CAD、建筑 CAD、服装 CAD 等）可以解决一般性设计需求。

④顾客在线查询。除了上述三种顾客交互外，企业还需要具有顾客在线查询功能。企业普通的营销界面就能够满足顾客的咨询与公关，但这里的在线查询功能使顾客在线知道自己订购的产品的即时生产状况。现代的餐饮业大都走向透明生产，即顾客能够通过玻璃窗看见厨师配料和烧制，如果发现什么不卫生可以诉告业主、拒绝付款或申请索赔，而且因顾客能看到自己订购食品的制作程序，也不会因等待急躁不安。制造业虽然不能够让每一个顾客都在车间盯着看，但即时反映顾客订购产品的生产进程是有必要的，使顾客通过企业的在线查询网络功能能了解自己订购产品的生产状况。比如，有一顾客向某企业订购的汽车，并准备安排假期旅游，其订购的产品又有自己参与设计的部件，顾客需要了解生产进程，以方便自己计划的调整，如果企业不能按时完成，需要及时告知顾客并致歉。

（2）数据库集

新产品开发网络集成模型的第二层就是企业数据库集。如果企业没有完备的海量数据库集，上述顾客交互功能是无法实现的。虽然可以通过手工业务实现，但效率和人力成本不允许。因此，要满足上述顾客交互功能，企业必须建立顾客需求数据库和产品数据库，并将生产数据库向顾客开放，以方便顾客真正参与企业研发、生产和服务。

需求数据库用来存储顾客需求，顾客需求包括原始需求和转化需求。原始需求是顾客通过 Web 页、电话或 E-mail 等方式口头或书面直接陈述和表达，企业顾客需求专员将顾客需求转化为产品的功能或结构参数，即设计或生产需求。这些需求都存放在需求数据库中，方便企业设计和生产的统计、查询及深层次的数据挖掘。

产品数据库是存储企业产品或产品族设计特征的数据库，包括产品图档、物料清单（BOM）及相关工艺流程等信息。这些数据对于设计来说是动态的，对于生产来说是静态的。顾客设计交互和配置交互都需要与此数据库进行数据交流。当然，企业需要将顾客所做的产品设计和产品配置进行调整与存储，甚至可以规划出新的产品类型，并投放市场。

生产数据库主要用来存储企业生产计划和生产进度数据。顾客通过企业提供的查询界面可以方便地了解到订购产品在线生产状况。戴尔公司是这方面成功的例子，顾客通过在网上输入产品编号，可以方便跟踪查询产品生产进度。这使得戴尔在 IT 市场下滑的情况下因为周到的顾客服务而保持了强劲的营销势头。

需求、产品和生产等三个数据库的关联性很强。需求数据库经过统计、抽象可以转化为产品数据库（设计相关），而生产数据库需要调用产品数据库中的产品设计参数和加工工艺信息。当然，生产数据库的生产信息流向是市场销售数据库。

（3）新产品开发业务流程

新产品开发网络集成模型的第三层是由网络设施、面向对象团队组成的新产品开发业务流程，创意→概念→定义→原型→试制→批量生产推出，这些阶段与阶—门模型阶段名称一样。流程中的 f_1、f_2、f_3、f_4、f_5 是过滤器，对应于阶—门模型中的“门”。不同的是，这里的新产品开发业务流程使用的面向对象团队进行新产品开发的信息加工，原型使用快速设计技术，试制使用柔性制造技术。f_1、f_2、f_3、f_4 是信息过滤，需要使用筛选标准数据库的筛选标准，且每一阶段的筛选标准是不同的。而试制后的物料过滤则是一个质检的过程（f_5），有相应的质检标准对应。图 7.4 中的 L_1 与 L_2 表示数据传递的通道。下面详细谈论一下面向对象团队及过滤器中采用的评估方法。

7.3.2 面向对象团队的应用

第 6 章重点介绍了面向对象团队组建的原理及特点，也是新产品开发网络集成模型的基础。在新产品开发业务流程中，主要信息加工使用的是面向对象团队，如图 7.5 所示。团队体系横向分为两个层次。

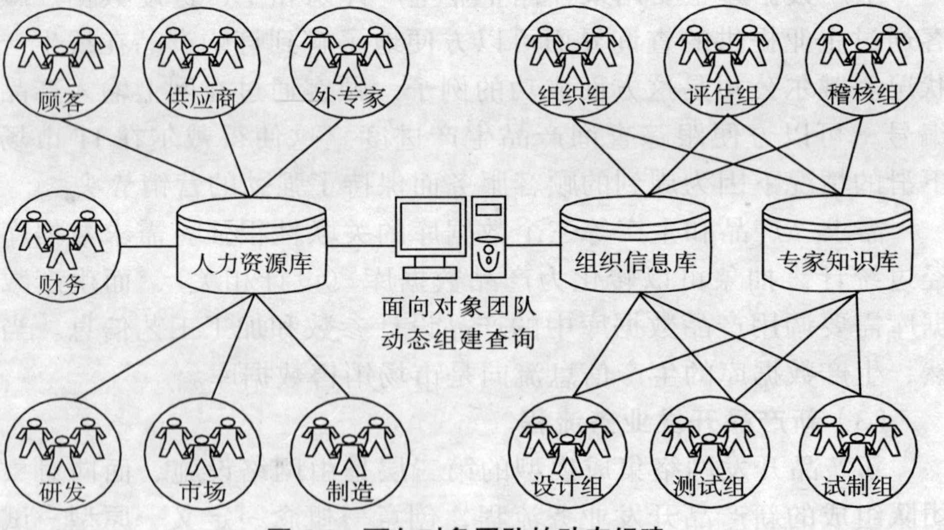

图 7.5　面向对象团队的动态组建

第一个层次是建立人力资源数据库，包括企业内部的研发、市场、制造和财务人员，还包含企业外部的顾客、供应商及其他研究机构、政府部门等相关专家，将这些人的对象信息组成一个比较完备的人力资源数据库。

第二个层次是通过动态的组建平台组成相应的面向对象小组，包括创意组、设计组、测试组、试制、评估组、稽核组及组织组。其中，创意、设计、试制和测试对应于传统的新产品开发业务流程，评估组专门用于各个阶段前的评估工作；稽核组控制和核对相应的费用信息，并进行相关的统计和上报；组织组是指定项目的领导组，因性质与传统差别较大，所以称为组织组，负责一定项目的起始到终止。与这些组群相关后台有一个数据库为组织信息数据库，分别存放历来的动态组织及变动信息，专家知识数据库用来为面向对象组提供相关文献资料和专业知识信息。

7.3.3 评估方法综合与分析

从创意到概念，从概念到定义，再从定义到原型等信息加工阶段是一个逐渐缩小和集聚的过程，也是从模糊到清晰的过程，直至最后确定投资项目，并进入试制阶段。这个过程中需要在不同因素和不同标准下进行评估（过滤），使得风险大、周期长等不利的创意尽早淘汰。因此，阶段性评估也就成了新产品的阶段性决策。目前，多目标、多因素的评估方法有很多，有模糊数学方法[125,131,151,191]、层次分析方法[121]、灰色系统方法[114]等，下面简要介绍这几种评估方法。

（1）多目标模糊评估模型

①阶段方案因素集和权重集。不同阶段，方案影响因素的差别很大，靠前的定性因素多一些，靠后的定量因素多一些。因素集存放在产品数据库中（产品数据具有广义性，包括从创意到整

个设计阶段），根据具体评估项目进行抽取，若需要新的评估因素，可进行补充。因素集合记为U，则：

$$U=\{u_1,\ u_2,\ \cdots,\ u_n\}^T \tag{7.1}$$

假设有m个方案，方案集合记为V，则：

$$V=\{v_1,\ v_2,\ \cdots,\ v_m\} \tag{7.2}$$

所以则有m个方案n个因素指标矩阵：

$$U=\begin{bmatrix} u_{11} & u_{12} & \cdots & u_{1m} \\ u_{21} & u_{22} & \cdots & u_{2m} \\ \vdots & \vdots & \vdots & \vdots \\ u_{n1} & u_{n2} & \cdots & u_{nm} \end{bmatrix} \tag{7.3}$$

在因素集里，不同的因素对判断影响的重要程度也是不一样的，故需对不同的因素赋予不同的权重，以体现各因素在因素集中的地位及相互关系。权重也存于在相应的产品数据库中。设ω_i为第i个因素的权重，反映各因素影响程度的权重集为Ω，则：

$$\Omega=\{\omega_1,\ \omega_2,\ \cdots,\ \omega_n\} \tag{7.4}$$

其中，$\sum_{i=1}^{n}\omega_i=1$，$\omega_i>0$，如果ω_i权重和不等于1，则进行归一化处理。

因素的权重对评估非常关键。针对不同问题，可以动态确定ω值。在实际应用中常用的方法有：德尔菲法、专家调查法、判断矩阵分析法，在新产品开发网络集成模型中，使用专家调查法。德尔菲法、判断矩阵分析法也需要专家智慧，但没有专家调查法快捷、方便。

②方案因素集处理方法。

第一，加权相对偏差距离最小法。当第j方案第i因素指标值u_{ij}为定量指标时，令δ_{ij}为相对偏差值，称u_i^0为标准值。

$$\delta_{ij}=\frac{\left|\overset{0}{u_i}-u_{ij}\right|}{u_{imax}-u_{imin}}，i=1，2，\cdots，n；j=1，2，\cdots，m \tag{7.5}$$

式中 u_{imax} 为各方案第 i 因素指标中最大指标值，即 $u_{imax}=\max(u_{i1},u_{i2},\cdots,u_{im})$，$u_{imax}$ 为各方案第 i 因素指标中最小指标值，即 $u_{imin}=\min(u_{i1},u_{i2},\cdots,u_{im})$

$$\overset{0}{u_i}=\begin{cases}u_{imin} & u_i<0\\ u_{imax} & u_i>0\end{cases}$$

正指标是指指标值越大方案越优的因素指标；负指标是指因素指标值越小方案越优的因素指标。N×m 个相对偏差值 δ_{ij}，就构成了一个模糊矩阵 Δ，则：

$$\Delta=\begin{bmatrix}\delta_{11} & \delta_{12} & \cdots & \delta_{1m}\\ \delta_{21} & \delta_{22} & \cdots & \delta_{2m}\\ \vdots & \vdots & \vdots & \vdots\\ \delta_{n1} & \delta_{n2} & \cdots & \delta_{nm}\end{bmatrix} \tag{7.6}$$

计算各方案因素指标向量 u_j 与 m 个方案中的 n 个指标标准值向量 $u^0=(\overset{0}{u_1},\overset{0}{u_2},\cdots,\overset{0}{u_n})$ 之间的加权偏差距离为 d_j，则：

$$d_j=d_j(v_j,u^0)=\sqrt{\sum_{i=1}^{n}(\omega_j\delta_{ij})^2}，j=1，2，\cdots，m \tag{7.7}$$

因由 $u^0=(\overset{0}{u_1},\overset{0}{u_2},\cdots,\overset{0}{u_n})$ 标准因素指标构成的方案为最理想的方案。故 m 个评估方案中与理想方案之间加权相对偏差距离 d 越小，对应方案越优。因此，根据过滤需要，从小取指定个数方案。

第二，定量指标综合评判。当式（7.3）中因素指标值 u_{ij} 为定量指标时，令 r_{ij} 为评判值，则：

$$u_{ij}=\begin{cases}0.1+\dfrac{u_{imax}-u_{ij}}{p}, & u_i<0\\ 0.1+\dfrac{u_{ij}-u_{imin}}{p}, & u_i>0\end{cases} \tag{7.8}$$

式中 p 为级差值，$p=(u_{imax}-u_{imin})/(1-0.1)$。m 个方案的 n 个评价值一个评估模糊矩阵 R，则：

$$\underset{\sim}{R}=\begin{bmatrix} r_{11} & r_{12} & \cdots & r_{1m}\\ r_{21} & r_{22} & \cdots & r_{2m}\\ \vdots & \vdots & \vdots & \vdots\\ r_{n1} & r_{n2} & \cdots & r_{nm}\end{bmatrix} \tag{7.9}$$

采用加权平均模型，对方案进行评估，则：

$\underset{\sim}{\Omega}\cdot\underset{\sim}{R}=\underset{\sim}{B}=(b_1, b_2, \cdots, b_m)$，

其中，$b_j=\sum\limits_{i=1}^{n}\omega_i r_{ij}$，$j=1, 2, \cdots, m$ (7.10)

根据最大隶属度原则，b_j（$j=1, 2, \cdots, m$）中数最大的对应方案为最优方案，故可根据指定数目从大取方案。

第三，定性指标综合评判。当各因素指标值 f_{ij} 为定性指标

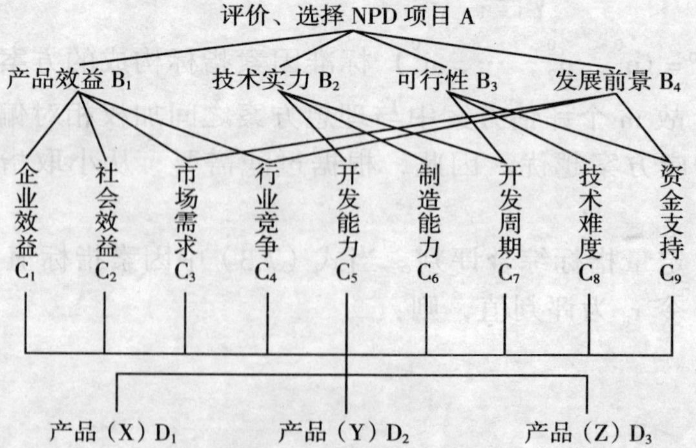

图 7.6 层次分解图示

时，评定值模糊矩阵 R 可以由专家评议决定。可将因素指标分为指定的五个等级（劣—0.1、差—0.3、中—0.5、良—0.7、优—0.9）或 9 个等级（最差—0.1、很差—0.2、差—0.3、较差—0.4、中—0.5、较好—0.6、好—0.7、很好—0.8、最好—0.9），可按照其所赋值标准给出评定值。这样便可确定评估矩阵 $R_{\sim}$，形式如式（7.9）。

（2）多目标层次评估模型

层次分析法（Analytic Hierarchy Process，AHP）是美国运筹学家、匹兹堡大学 T. L. Saaty 教授于 20 世纪 70 年代初提出的，其把研究对象作为一个系统，按照分解、比较判断、综合的思维方式进行决策，成为继机理分析、统计分析之后发展起来的系统分析的重要工具。AHP 是一种定量与定性相结合，将人主观判断用数量形式表达和处理的方法。它把复杂问题分解成各个组成因素，又将这些因素按支配关系分组形成递阶层次结构，通过两两比较方式确定各个因素相对重要性，然后由综合决策者判断，确定决策方案相对重要性的总的排序。

层次分析法的一般步骤是：①建立层次结构模型；②对同一层次的各元素关于上一层次中某一准则的重要性进行两两比较，构造两两比较的判断矩阵；③计算权向量并做一致性检验；④计算组合权向量，做组合一致性检验并进行排序。一致性检验比较烦琐，对于计算机处理也是一样。比如，有四种因素，两两比较，相对关系数是 3 个，进行一致性检验，求特征值的矩阵是一个对称的三角阵。下面（如图 7.7 所示）介绍了一种层次分析简易处理方法。

某企业由于市场需求及生产能力和原有产品结构，主要有X、Y、Z 三种主导类新产品开发项目。在有限资金投入的情况下，对其重要程度进行排序，即求其权重。以第一层为例：

可以看出，上面表格数字是一个左下与右上对称的矩阵，有半个三角数字是重复（倒数）或多余的。下面进行变换，则有：

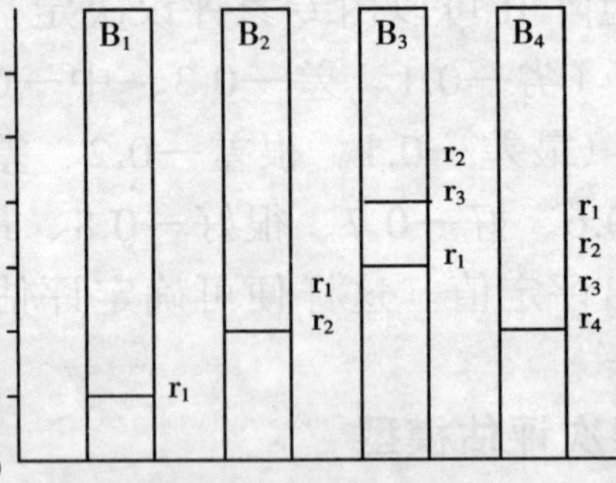

图 7.7 行比例图示

A	B_1	B_2	B_3	B_4
B_1	1	2	3	2
B_2	1/2	1	2	1
B_3	1/3	1/2	1	1/2
B_4	1/2	1	2	1

$$\begin{bmatrix} B_1: & B_2 & B_3 & B_4 \\ & B_2: & B_3 & B_4 \\ & & B_3: & B_4 \\ & & & B_4 \end{bmatrix} = \begin{bmatrix} 1 & 2 & 3 & 2 \\ & 1 & 2 & 1 \\ & & 1 & 1/2 \\ & & & 1 \end{bmatrix} \Rightarrow \begin{bmatrix} 1/2 & 1 & 3/2 & 1 \\ & 1 & 2 & 1 \\ & & 2 & 1 \\ & & & 1 \end{bmatrix} \tag{7.11}$$

式（7.11）中第一矩阵数的每一行分别以 B_1、B_2、B_3、B_4 为基准进行比较，因为基准的不统一，就会出现后续数的不一致。原则上，$B_2:B_3:B_4$（第 1 行）= $B_2:B_3:B_4$（第 2 行）；$B_3:B_4$（第 2 行）= $B_3:B_4$（第 3 行），但基准选取不同，产生了偏差。经过转换取 B_4 为基准，得转换符右边的矩阵，可以看出，在 B_1、B_2、B_4 每行值相同的情况下，B_3 出现了不同，有3/2 和 2 两个值，这是特殊情况。一般情况还可能出现 3 个不同值，且 B_2 也有可能出现 2 个完全不同的值。为了使得 $B_1:B_2:B_3:B_4$ 只有一种，则可简单对每个因素的权重进行平均，有：

$$\begin{cases} B_1=(1/2)\div 1=1/2 \\ B_2=(1+1)\div 2=1 \\ B_3=(3/2+2+2)\div 3=11/6 \\ B_4=(1+1+1+1)\div 4=1 \end{cases} \tag{7.12}$$

由式（7.12）可得，$B_1:B_2:B_3:B_4=3:6:11:6$，进行归一化处理，就可以得到各因素的权重，$\omega_{B_1}=0.1154$，$\omega_{B_2}=0.2308$，$\omega_{B_3}=0.4230$，$\omega_{B_4}=0.2308$。

同理，可以求出第三层次比重：ω_{B_1}（C_1，C_2，C_3，C_4），ω_{B_2}（C_5，C_6，C_7），ω_{B_3}（C_7，C_8，C_9），ω_{B_4}（C_3，C_4，C_9）。这样又会出现比例冲突，解决方法也同上述处理一样，得出第三层权重（ω_{C_1}，ω_{C_2}，ω_{C_3}，ω_{C_4}，ω_{C_5}，ω_{C_6}，ω_{C_7}，ω_{C_8}，ω_{C_9}）。

到此，也就是得出了低层所有因素的权重，按照模糊评判模型便可选出一定数目的新产品项目或新产品阶段“虚拟工件”。同理可以求出各个项目的权重（ω_{D_1}，ω_{D_2}，ω_{D_3}），也可以达到项目筛选的目的。

上述层次因素的简易处理比较直观，手工和计算机程序求解都很简便，可以提高层次分析方法的评估效率。

使用决策模型在很大程度上提高了决策参考数据的处理，尽管方法不同，理论上得出的结果应该具有相似性，即重要性的排列顺序不会差别太大。但使用模型的不同，其过程处理（信息加工）的方式差别也较大。比如，层次法在分层的基础上，再将每层因素两两比较，就会使处理难一点，但更加具有实际意义。灰色评估决策对因素的处理与模糊决策的差别也较大，但都可以作为信息加工过程中的评估点模型。

尽管模型作用较大，但模型不需要极其复杂——事实上最成功的模型常常是那些最简单的[200]。许多模型不过是问题的逻辑分析或已有数据的综合。模型永远是决策的依据和参考，绝对不能够代替管理者进行决策，否则就不会出现“奇”法“妙”术。

(3) 多目标灰色评估模型

灰色系统理论（简称灰理论，Grey Theory）是由华中科技大学邓聚龙教授于 20 世纪 70 年代末 80 年代初提出的一种新的系统理论，该理论已广泛应用于社会、经济、科技、农业、生物等多个领域，内容包括灰哲学、灰生成、灰分析、灰建模、灰预测、灰评估、灰决策、灰控制、灰数学等。该理论近似模糊论与概率论，但也有明显区别。三种理论的宗旨都是研究不确定性，模糊理论研究“认知不确定”，强调先验信息，依赖人的经验；概率论研究“大样本不确定”，强调统计数据与历史关系，研究历史统计规律；灰色理论则研究“少数据不确定性”，强调信息优化，研究现实规律[174]。尽管出发点不同，对于新产品阶段信息评估来说都可以拿来使用，只是不同理论，处理数据的方法不一样，可能得出的结论也存在一定的差异，如果使用一种方法评估得不理想，可以使用另外一种方法试一试。下面介绍灰色理论的评估方法。

灰评估模型是在灰决策理论基础上对项目进行排序，灰决策理论包括灰色局势决策和灰层次决策两种。两者的区别是，灰色层次决策是多个层次上的灰色局势决策。

(4) 灰色局势决策

灰色局势决策的步骤是：

①确定决策模型初始化参数。模型初始化参数包括事件（研究对象）、对策（方案）、局势（研究对象的方案）、目标（可以是因素）、极性（目标准则：极大值、适中值、极小值）、样本（因素实际取值）。以式（7.1）、（7.2）、（7.3）为例，则事件是新产

品开发阶段评估决策，对策向量为 V，局势向量为 U，样本矩阵为式（7.3）矩阵。假设 m = 4，n = 8，则：

$$U=\begin{bmatrix} u_{11} & u_{12} & \cdots & u_{1m} \\ u_{21} & u_{22} & \cdots & u_{2m} \\ \vdots & \vdots & \vdots & \vdots \\ u_{n1} & u_{n2} & \cdots & u_{um} \end{bmatrix}_{m=4,\ n=8} = \begin{bmatrix} 4.9 & 5 & 5.3 & 3.2 & x \\ 2.87 & 3.59 & 2.87 & 4.31 & y \\ 78.21 & 76.6 & 79.38 & 54.6 & x \\ 2.9 & 3.5 & 2.98 & 2.37 & x \\ 67.86 & 70.15 & 50.51 & 69.68 & x \\ 2.68 & 3.23 & 1.9 & 2.41 & x \\ 94.57 & 84.42 & 97.52 & 82.39 & z \\ 1.76 & 1.92 & 2.65 & 2.02 & z \end{bmatrix} \quad (7.13)$$

式中数字矩阵的最后一列为因素极性，“x”表示极大值，“y”表示适中值，“z”表示极小值。

②计算效果测度，测算样本的极性比值。对于极性极大值，取上限效果测度（UEM）；对极性极小值，采用下限效果测度（LEM）；对于适中值，取适中效果测度（MEM）。统一效果测度公式为：

$$EM(u_{ij}) = emu_{ij} = \frac{\min\ (u_{ij},\ g_i^*)}{\max\ (u_{ij},\ g_i^*)} \quad (7.14)$$

其中：

$UEM\ (g_i^*) = \max(u_{ij})\big|_{j=1,\ 2,\ \cdots,\ m}$；

$LEM(g_i^*) = \min\ (u_{ij})\big|_{j=1,\ 2,\ \cdots,\ m}$；

$MEM(g_i^*) = \frac{1}{m}\sum_{j=1}^{m} u_{ij}$，于是得：

$$EM(u_{ij})=\begin{bmatrix} 0.924528 & 0.943309 & 1 & 0.603374 & 5.3 \\ 0.841642 & 0.949861 & 0.841642 & 0.791183 & 3.41 \\ 0.985261 & 0.964979 & 1 & 0.687831 & 79.38 \\ 0.828571 & 1 & 0.851429 & 0.677143 & 3.5 \\ 0.967356 & 1 & 0.720080 & 0.993300 & 70.15 \\ 0.829721 & 1 & 0.588235 & 0.74613 & 3.23 \\ 0.871207 & 0.975954 & 0.844852 & 1 & 82.39 \\ 1 & 0.916667 & 0.664151 & 0.871287 & 1.76 \end{bmatrix} \quad (7.15)$$

其中，最后一列为极值目标值。

③计算综合效果测度，进行决策排序。将 EM 平均可求综合效果测度 GEM，则：

$$GEM(V_j)=\frac{1}{n}\sum_{i=1}^{n} emu_{ij}$$
$$=(0.966036，0.968857，0.813792，0.796331) \quad (7.16)$$

排序得：SORT $(V_m)=V_2>V_1>V_3>V_4$

（5）灰色层次决策

灰层次决策考虑多方意愿，协调多方利益。决策者按意愿与利益划分的人群，称为决策层、董事会层、经理层及股东层等[174]。这里借罗帆[114]在《武汉理工大学学报》一篇文章来说明，尽管这篇文章的题旨与灰色层次决策定义的本意有出入，可以看做是层次分析法与灰色决策的综合，但其处理方法采用了灰层次决策的部分处理方法，可以作为本书集成模型中评估方法的参考。这里对其进行介绍，并修改了其错误部分。

①制定评价标准的评分等级。将评价指标 F_{1j}，F_{2j}，F_{3j}，F_{4j} 和 F_{5j} 按不同水平划分为 5 级，给出 4、3、2、1 分的标准，当指标等级介于两相邻等级之间时，相应评分为 3.5 分、2.5 分、1.5 分。图 7.8 为取例的指标体系，分为两层。

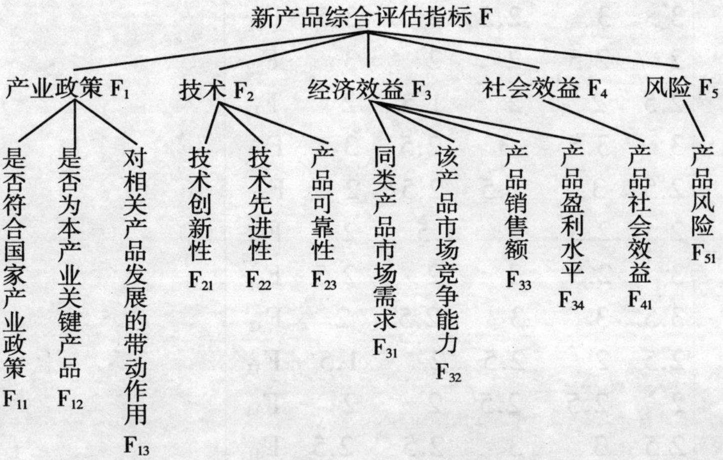

图 7.8　新产品综合评估层次指标

②确定评价指标的权重。假设指标权重综合采用层次分析法、德尔菲法、两两比较法等已经得出为：第一层权重 $\omega_F=(0.25,0.25,0.3,0.1,0.1)$；第二层权重 $\omega_{F_1}=(0.4,0.32,0.28)$；$\omega_{F_2}=(0.48,0.32,0.2)$；$\omega_{F_3}=(0.2,0.2,0.33,0.27,0.1)$；$\omega_{F_4}=(1)$；$\omega_{F_5}=(1)$。

③组织专家评分并建立评价样本矩阵。假设以 5 位专家对 3 个新产品，按评价指标评分等级进行评分。其一新产品评价样本矩阵为 $D^{(1)}$，则：

$$D^{(1)}=\begin{bmatrix} 3 & 3 & 2.5 & 3 & 3.5 & F_{11} \\ 2 & 2.5 & 2 & 2 & 3 & F_{12} \\ 2.5 & 2 & 2 & 1.5 & 2 & F_{13} \\ 3 & 3.5 & 3 & 2.5 & 3 & F_{21} \\ 2.5 & 3 & 2.5 & 2.5 & 2 & F_{22} \\ 2 & 2.5 & 2 & 1.5 & 2.5 & F_{23} \\ 3 & 2.5 & 3 & 2 & 2.5 & F_{31} \\ 3.5 & 3 & 3 & 2.5 & 2 & F_{32} \\ 2.5 & 2 & 2.5 & 2 & 1.5 & F_{33} \\ 2 & 2.5 & 2.5 & 2 & 2 & F_{34} \\ 2.5 & 3 & 3 & 2.5 & 2.5 & F_{41} \\ 1.5 & 2 & 2.5 & 1.5 & 2 & F_{51} \end{bmatrix} \quad (7.17)$$

同理可得其二和其三新产品的评价样本矩阵 $D^{(2)}$，$D^{(3)}$。

④确定评价灰类。按“优”、“良”、“中”、“差” 设定四个评价灰类，其相应的灰数及白化权函数如下：第 1 灰类“优”($e=1$)，设定灰数$\otimes_1 \in [4, \infty]$，白化权函数为 f_1；第 2 灰类“良”($e=2$)，设定灰数$\otimes_2 \in [0, 3, 6]$，白化权函数为 f_2；第 3 灰类 “中”($e=3$)，设定灰数$\otimes_3 \in [0, 2, 4]$，白化权函数为f_3；第 4 灰类“差”($e=4$)，设定灰数$\otimes_4 \in [0, 1, 2]$，白化权函数为 f_4。白化函数如图 7.9 所示。

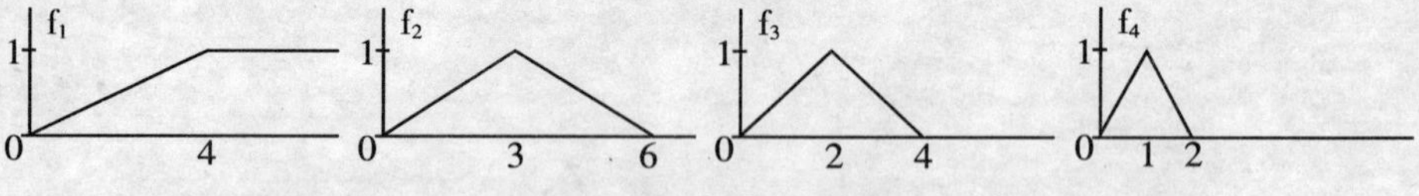

图 7.9　白化函数图

⑤计算灰色评价系数。对于指标 F_{11}，产品 X_1 属于第 e 评价灰类灰色评价系数 $\chi_{11e}^{(1)}$，则有：

$$\chi_{11e}^{(1)} = \sum_{k=1}^{5} f_e\left(d_{11k}^{(1)}\right) \tag{7.18}$$

$$\chi_{11e}^{(1)}\Big|_{e=1} = \sum_{k=1}^{5} f_1\left(d_{11k}^{(1)}\right) = f_1(3) + f_1(3) + f_1(2.5) + f_1(3) + f_1(3.5) = \frac{15}{4};$$

$$\chi_{11e}^{(1)}\Big|_{e=2} = \sum_{k=1}^{5} f_2\left(d_{11k}^{(1)}\right) = f_2(3) + f_2(3) + f_2(2.5) + f_2(3) + f_2(3.5) = \frac{14}{3};$$

$$\chi_{11e}^{(1)}\Big|_{e=3} = \sum_{k=1}^{5} f_3\left(d_{11k}^{(1)}\right) = \frac{5}{2};\quad \chi_{11e}^{(1)}\Big|_{e=4} = \sum_{k=1}^{5} f_4\left(d_{11k}^{(1)}\right) = 0$$

对于指标 F_{11}，产品 X_1 属于各个评价灰类总灰色评价系数为 $\chi_{11}^{(1)}$，则有：$\chi_{11}^{(1)} = \sum_{e=1}^{4} \chi_{11e}^{(1)} = 10.9167$。

⑥计算灰色评价权向量及权矩阵。专家就指标 F_{11} 对产品 X_1 主张第 e 个评价灰类的灰色评价权 $\gamma_{11e}^{(1)}$，则：

$$\gamma_{11e}^{(1)} = \chi_{111e}^{(1)} / \chi_{11}^{(1)} \tag{7.19}$$

$$\gamma_{11}^{(1)} = (0.3435,\ 0.4275,\ 0.2290,\ 0)$$

同理可得其他灰色评价权向量 $\gamma_{12}^{(1)}$、$\gamma_{13}^{(1)}$ $\gamma_{21}^{(1)}$、$\gamma_{22}^{(1)}$、$\gamma_{23}^{(1)}$、$\gamma_{31}^{(1)}$、$\gamma_{32}^{(1)}$、$\gamma_{33}^{(1)}$、$\gamma_{34}^{(1)}$、$\gamma_{41}^{(1)}$、$\gamma_{51}^{(1)}$，从而得到产品 X_1 的指标 F_{ij} 对于各评价灰类的灰色评价权矩阵 $R_e^{(1)}$，则：

$$R_1^{(1)} = \begin{bmatrix} \gamma_{11}^{(1)} \\ \gamma_{12}^{(1)} \\ \gamma_{13}^{(1)} \end{bmatrix} = \begin{bmatrix} 0.3435 & 0.4275 & 0.2290 & 0.0000 \\ 0.2624 & 0.3498 & 0.3878 & 0.0000 \\ 0.2308 & 0.3077 & 0.4154 & 0.0462 \end{bmatrix}$$，同理得：

$R_2^{(1)}$、$R_3^{(1)}$、$R_4^{(1)}$、$R_5^{(1)}$

$$R^{(1)}=\left[R_1^{(1)}\quad R_2^{(1)}\quad R_3^{(1)}\quad R_4^{(1)}\right]$$

⑦对 F_1，F_2 和 F_3 等作综合评价。对产品 X_1 的 F_1、F_2、F_3、F_4 和 F_5 作综合评价结果$T_1^{(1)}$、$T_2^{(1)}$、$T_3^{(1)}$、$T_4^{(1)}$、$T_5^{(1)}$，则：

$$T_k^{(1)}=\omega F_k\cdot R_k^{(1)},\ k=1,2,3,4,5 \tag{7.20}$$

⑧对 F 作综合评价。由 $T_1^{(1)}$、$T_2^{(1)}$、$T_3^{(1)}$、$T_4^{(1)}$、$T_5^{(1)}$ 得产品 X_1 的总灰色评价权矩阵$R^{(1)}$，则：

$$R^{(1)}=\begin{bmatrix}T_1^{(1)}\\T_2^{(1)}\\T_3^{(1)}\\T_4^{(1)}\\T_5^{(1)}\end{bmatrix}=\begin{bmatrix}0.2860 & 0.3691 & 0.3320 & 0.1029\\0.3037 & 0.3903 & 0.2968 & 0.0092\\0.2709 & 0.3413 & 0.3588 & 0.0152\\0.3034 & 0.4045 & 0.2921 & 0.0000\\0.2201 & 0.2934 & 0.3938 & 0.0927\end{bmatrix} \tag{7.21}$$

于是，对产品 X_1 的 F 作综合评价的结果$T^{(1)}$，则：

$$T^{(1)}=\omega F\cdot R^{(1)}=(0.2811,0.3620,0.3334,0.0194) \tag{7.22}$$

⑨计算综合评价值并排序。各评价灰类等级值化向量 C=（4，3，2，1），产品 X_1 的综合评价值为$W^{(1)}$，则：

$$W^{(1)}=T^{(1)}\cdot C^T=2.8965 \tag{7.23}$$

同理可得$W^{(2)}=2.9181$；$W^{(3)}=2.9367$，三个被评产品排序为：$W^{(3)}$、$W^{(2)}$、$W^{(1)}$。

（6）评估模型分析结论

以上评估模型都有相应的文献与之对应，并借鉴了这些文献的思想与数例。值得说明的是，这些文献的本意是对整个新产品进行笼统的评估，并得出结论，可以应用于简单的新产品开发，然而，这些文献没有涉及新产品开发的阶段性评估。这里将这些方法统一作为新产品开发阶段评估决策模型，尤其对于新产品开发前端模糊性和不确定性大的情况下，许多因素都是定性的。因此，可以将这些模型设计为评估软件，作为评估点的自动过滤器，项目负责人员只需根据具体情况设计调查或评判问卷，便可以直接利用软件取得评估结果。以上三种评估方法，根据其具体特征，可以使用层次法确定因素的权重，使用模糊评估方法解决多定量因素方案，使用灰色评估系统解决多定性因素方案。

评估模型或评估算法是信息筛选处理的关键元素，然而在使用综合评估方法的时候需要注意一些问题。项勇[132]在其《多指标综合评估法的局限性》一文中阐述了多指标评估的一般特征，指出了综合评估的局限性并给出了相应的补救措施。项勇认为，确定评估标准、规范化指标、确定指标权重（Delphi 法、AHP 法、二项系数加权法、环比评分法等）、计算综合分值(加权评分法、加乘评分法等）及综合评估判据（临界值法、简单排序法、分类排序法等）这个过程应该使评估指标具有补偿性和独立性，使评估对象具有鲜明的识别性和互斥性，使评估结果表达方式以排序为主。

7.3.4 加速新产品开发网络集成模型特点

从上述的加速新产品开发网络集成模型的结构上可以看出其具有下面所列的特点，这些特点也体现了该模型的现代竞争优势。

(1) 以现代计算机、网络和数据库技术为支撑

加速新产品开发网络集成模型不是一个软件或具体工具，而是一个平台，而且这个平台以现代计算机、网络及数据库技术为支撑。一方面，很多工作交由软件处理，可以减轻员工体力上的劳动强度（包括重复性)，使员工有更加充分的时间进行学习、思考和创新。另一方面，网络平台使得企业内部及企业与外部的信息交流方便快捷，员工可以通过网络进行学习、调查及与外界互动等；数据库技术使得企业能够储备、提取和加工海量信息，包括交易历史记录、产品技术图文档、人力资源信息、财务信息等。数据库或数据仓库是其他软件后台的数据依据，也是企业信息化中的重中之重。

（2）以面向对象思想为指导

现代企业都提倡人本管理，主张挖掘人力资源上的潜力，如何体现呢？该模型比较深入地回答了这个问题。以人为本的前提是必须对人需要有充分了解，并掌握其未来的动态（发展潜力），同时也体现灵活和民主。面向对象思想淡化了权势，也提高员工的自主性地位，这就充分考虑新时期知识员工的特殊性。不论是“性善论”，还是“性恶论”，知识员工被默认是自觉、守纪律，同时又不拘泥传统、能够创新及相互协作的新形象，当然也需要有与之配套的奖惩措施。面向对象思想的另外体现就是虚拟工件加工过程的消息响应机制，比常规的并行方法更能节省时间和人力的消耗。知识员工可以在任何地方完成虚拟工件的加工。

（3）以顾客为经营中心

以顾客为中心在模型中表现得非常明显，顾客通过该模型网络可以实现在线查询及需求、配置、设计上的交互。顾客不同层次的参与给企业的市场和创新带来了更加广泛的源泉，同时，企业也将更有针对性地为顾客提供满意的产品和服务。这在很大程度上节省了销售时间及产品研发周期。

（4）以成本、质量、时间、创新及环保等为综合目标

这个模型能够充分体现信息加工的成本、质量（考核）、创新及时间上的指标，虚拟工件加工成本变得更加细化，产品成本、质量和创新由阶段评估体系保证，快速理所当然成为模型运作的主要追求和功能。“绿色”也可以列入产品阶段评估体系，作为企业对全球环保意识与号召的积极响应。也只有这样，企业才能实现品牌培养和树立的前提。

（5）集中评估

前述的一些常规评估模型都是针对一些简单的、粗略的新产品成功因素，但其同样可以作为新产品开发前端信息加工过程的评估，从创意到产品原型。因此，企业需要建立一个产品阶段指标库。有形工件的检测都有 ISO9000 具体细化指标及厂定指标与之对应，对虚拟工件评估指标也要进行细化，并与有形工件的检测指标统一入库。这样在项目负责人分派任务时，很容易对评估专家“出卷”，而不是对新产品开发进行一次性或少量的评估。因此，评估指标的标准化、完善化、扩充性体现了集中和统一，节省了新产品开发虚拟工件加工周期。

加速新产品开发网络集成模型依赖现代信息技术，实行“内部以人为本，外部以顾客为中心”的运行机制，统一企业信息和有形产品的加工，通过评估和测试实现成本、质量、创新及环保等方面的控制，加快效率，缩短新产品开发周期，对现代企业具有一定的参考价值。然而，需要注意的是，加速新产品开发网络集成模型不是吹风，其正常或有效运作离不开企业基础设施的建设和投入，离不开企业领导的对信息化的诚心，离不开企业员工的知识、技术乃至思想觉悟的不断改善，离不开中层领导对权力的挑战性认识。

8 企业调查分析与展望

本章从实际出发，调查分析了部分企业有关新产品开发及加速新产品开发的状况，并列举了三家典型的企业，分别具有合资、国有、民营性质。结果发现，发达国家的合资企业在中国的研发状况是后阶段配置性及修改性的；高科技方面，不论是民营企业还是国有企业，特别是通信方面具有比较全面的研发过程；走访调查的一些小企业，如校办产业，规模小，研发队伍不大，不具有严格、规范和完整的研发流程，但依靠核心技术仍然能够分割一定市场份额。

8.1 调查原因与内容

在阅读与消化文献的基础上，笔者发现，许多国外文献都是一些实际企业的广泛调查或结论。比如 Stalk 提出基于时间竞争概念完全是从许多著名日本企业的经营实况和运作形势出发，可以说没有日本企业非常有说服力的实践，也就没有一些现代的先进企业管理理论，包括全面质量管理、准时生产制等。因此，调查是非常常规，而又实际的研究方法。然而对于企业，在国外进行调查可能比较顺利，在国内可能就不太可行。尽管如此，笔者还是理想化地走访调查了一些企业，尽管结果很简单（所以没有单独列章)。但笔者深信，中国将来管理方面研究突破的前提是必须走进企事业单位，否则，“外纸谈兵”永远只能听外国企业及研究方面的好消息。那么，中国企业是否真不需要研究，或者说研究对它们是多余的？走进一家中等企业待上一段时间，就会发现企业有一些很难想象的问题，这些问题更多来自管理方面。所以，中国管理方面的专家及学者可能更加期望中国企业性格由内向转为外向，他们不仅仅是到豪华的宾馆或特定场所讲一堂没有发问的课，而且还希望企业能够使其理论得以实践及发挥，一方面解决企业实际问题，改善管理和经营，另一方面，为其继续研究创造实际的动力和源泉。

鉴于此出发点，笔者设计了调查问卷，如本章第四节所示。问卷包括三个层次上的内容：第一是对企业一般概况的了解，比如生产类型、企业性质、主导产品、企业总人数、最近销售额、企业国内市场的竞争对手、竞争力与竞争优势等；第二是对新产品开发的一般成败因素调查，包括管理能力、产品和服务、市场、组织、流程、信息化等角度；第三是对有关加速新产品开发方面的了解，包括竞争优势排序（成本、质量、时间）、现有竞争优势、加速新产品开发的因素和方法（产品、人、流程、技术、方法）、企业时间维度的创新战略、企业对时间的敏感性、企业研发阶段中时间富余量大的地方、有无时间计量和控制方法、企业研发方面的大致流程等。问卷形式有填空、打分和问答三种。

8.2 调查大致结果

调查过程中，笔者共走访了武汉市几家著名企业，并函询了深圳一家著名中国企业。这里列举三家比较著名的企业：一家为汽车制造业合资企业 E_1，调查 2 人为部门经理；一家为通信方面国有企业 E_2，调查 1 人为部门经理；一家为通信方面的民营企业 E_3，调查 1 人为产品开发代表。在新产品开发成功因素上，他们有着相似的答案，因为抽样较少，故未作因素或方法上的细致分析。大致结果如下：

（1）企业基本概况

因为是部门经理，所以对整个信息把握不准或掌握不全，因此，其后的调查多基于其部门内部及个人认识，其职位的说服力决定其问卷答案的意义。

表 8.1 调查企业基本情况

企业	生产类型	企业性质	年销售额	企业总人数	国内竞争者	国外竞争者
E_1	大批量	中外合资		5100	5	
E_2	大批量	国有	20 亿元	3000	4	5
E_3	大批量	民营			2	4

（2）企业新产品开发一般成功因素

表 8.2 企业研发人员比例情况

企业	研发人员	生产人员	销售人员	新产品类型
E_1	12.5%	75%	12.5%	a、c、d、e、f
E_2	30%	30%	40%	a、b、c、d、e、f
E_3	60%	20%	20%	a、b、c、d、e

其中新产品类型：a. 全新产品；b. 模仿型；c. 改进型；d. 形成系列型；e. 降低成本型；f. 重新定位型

新产品开发成功因素方面 E_1、E_3 给分高，E_2 给分低，相对来说其对成功因素的重视程度大致如表 8.3 所示：

表 8.3　新产品开发主要成功因素

企业	主要成功因素
E_1	管理能力、资金能力；产品质量、技术水平、顾客需求满足；了解市场、价格竞争、市场需求评价；交叉功能团队、高层管理许诺与支持、明确义务和责任、供应商参与；持续执行过程；信息化技术等
E_2	研发能力；能很好地满足顾客需求；市场需求量；交叉功能团队、奖酬、顾客参与；持续执行过程、恰当新产品开发流程；局域网通信与资源共享、员工计算机水平等
E_3	包括了调查表所有部分（4 分或 5 分）

（3）企业加速新产品开发因素及方法

表 8.4　加速新产品开发概况

企业	竞争优势排序	主要竞争优势
E_1	质量 > 时间 > 成本	领先，赢得市场份额、价格和利润，赢得持续竞争优势
E_2	成本 > 质量 > 时间	领先，赢得价格和利润，保持与领先者的距离
E_3	时间 > 质量 > 成本	保持与领先者距离，并努力追赶和超越

几家企业加速新产品开发方面与一般新产品开发成功因素类似，E_1、E_3 给分高，E_2 给分低，相对来说其对成功因素的重视程度大致如表 8.5 所示。

表 8.5　加速新产品开发主要成功因素

企业	主要成功因素
E_1	快速开发的产品结构；真正的交叉功能团队、广泛的供应商参与、良好的伙伴、团队领导能力；项目管理、开发前的预备工作、模糊前端的控制；计算机网络、CAX 软件、RP；QFD、Taguch、DFM、FMEA、CE 等
E_2	组合产品规范；团队开发能力；项目管理、开发前预备工作、模糊前端控制；计算机网络、CAX 辅助工具；Taguch、DFM 等
E_3	组合产品规范、快速开发的产品结构；真正的交叉功能团队、团队开发能力、组织学习效率、团队领导能力、良好伙伴、顾客参与、激励机制；项目管理、新产品开发流程、快速制造和交付；计算机网络；QFD、CE、DSS 等

在创新战略上，E_1 为领先战略，E_2 与 E_3 皆采用快速跟随战略。三家企业都对时间比较敏感，且认为研发阶段时间富余量大。其中 E_3 认为，产品开发的全过程中前期投入较大的时间份额，防止研发过程的反复，在产品转系统测试及后期加工生产上时间有一定的富余。在时间估量上，E_3 有明确的研发时间度量，估计工作量主要方法是多个专家共同估计工作量，再取平均值。为了防止估计的大偏差，在产品开发的不同阶段还要多次评估工作量，尽可能使计划与实际值接近。E_1 与 E_2 不太明确。

（4）企业研发流程

E_1 企业的研发流程是由商务部（估计相当于市场部）提出开发申请，然后由委员会或董事会批准立项，并成立项目平台，分项目节点到节点立标会评审，最后决定投产。整个研发过程的控制采用的是“立标会”形式，过程大致分为原型产品、工艺指导产品、预批量生产、批量起步、批量投产等六个阶段。每一个阶段通过立标会、总经理、相关部门领导、项目平台等参加评审控制，通过后方可进入下一阶段。

E_2 企业研发流程为市场调研、立项、总体评审、阶段控制、中试和及结题六个阶段。研发阶段采用甘特图（Gant）进行进度控制。

E_3 企业在产品的整个研发过程中采取 IBM 公司推行的 IPD 流程体系，大致分为概念阶段、计划阶段、设计阶段、测试阶段、制造阶段、市场发布阶段等几个阶段。概念阶段注重需求的收集，包括可服务性、可生产性方面需求的收集，同时，根据市场及财经有关数据经决策委员会决策该产品是否可以立项；在计划阶段制订产品全过程开发计划及规格的细化，并做产品概要设计；在设计阶段做详细设计及代码或单板的设计，并做软硬件、单板及主机的联调；在测试阶段做系统的软硬件测试，在制造阶段主要做测试装备的完善及工艺的优化，在市场发布阶段主要是市场策划、宣传及资料的准备；最后阶段是维护阶段直到整个产品的生命周期结束。局部开发中采用QMS质量体系保证开发质量，特点是每个环节有一定的时间要求，同时也有一定的工作量度量，前期投入的分析时间较多，后期在单元测试及集成测试上投入的时间较多，因而转系统测试出现的问题较少，规格更改较少，版本稳定较快。

8.3 调查结果分析

这三家企业目前在国内都有一定的地位和说服力，它们在研发方面有许多共同点，管理能力、研发能力、交叉功能团队、供应商与顾客参与、团队领导能力、市场调研、组织学习能力、先进管理思想和技术等都是它们产品研发方面的成功因素。它们比较重视研发的投入、创新、人力资源开发和合作伙伴关系（包括供应商与顾客）。

从调查中也可以看出，这几家企业并不一定采用领先战略或把时间排在竞争优势的首位，说明时间竞争将是国内企业的将来。这几家企业的研发流程也各具特色，尽管 E_2 描述比较简单。E_1 采用“立标会”进行研发流程控制，在企业运作得比较成功。然而，从具体情况也可以看出，该研发是原型后的阶段研发，最基础的研发仍然在国外企业总部进行，这也说明了中外合资的一般情况，与先进国家企业合资的目的是学习先进的管理思想、先进技术水平，在合资企业的员工得到的培训和学习的机会是非常多的。E_3 是国内民营企业的标杆，目前采用的IPD技术非常成功。IPD是Integrated Product Development的缩写，即“集成的产品开发”，是新产品开发管理的一种模式，它兴起于20世纪的西方企业。“蓝色巨人”IBM 公司的重新崛起在很大程度上得益于 IPD 的推行，IPD 使 IBM 的多项研发指标得到了重大改善[228]，如新产品上市周期的大幅度缩短、研发资源浪费比率的显著下降等。对于 IT 行业，IPD 作为新产品开发管理模式，堪称最佳实践的典范。IPD 的关键要素包括：跨部门的团队、结构化的流程、一流的子流程（如项目计划与监控、数据管理、共用模块、技术管理、管道管理等）、基于平衡记分卡的考核体系、IT 支持等。因为其内核技术未知，故不能在此详述，但同样可以将其视为现代信息技术背景下辅助研发的软件管理体系。

另外，笔者还走访了其他几家小企业，有的以计算机技术为核心，有的以电子技术为核心，因为企业规模不太大，所以研发管理方面很难上升到理论上来。对市场来说，它们却是不可忽视的土狼（有人将外企比喻成狮子，将合资企业比喻成豹子，将国有与民营企业比喻成土狼），在一定产业领域内，分割了一定的市场份额，靠的就是灵活的战略战术。

8.4 加速新产品开发调查问卷

8.4.1 企业概况

（1）填写人的姓名__________所在部门________职务________

（2）企业生产类型__________（a. 大批量 b. 批量 c. 单件）

（3）企业性质______________（a. 国有 b. 民营 c. 外资 d. 中外合资 e. 校办）

（4）主导产品：____

（5）最近年销售______元　企业总人数______人

（6）目前国外竞争对手（a. 国内市场 b. 国际市场）/ 国内竞争对手（大致比例）=______

（7）企业竞争力比例（1、2、3、4、5为分值比例，5分制）

序	竞争力	1	2	3	4	5
1	产品					
2	服务					
3	人力资源					
4	管理制度					
5	企业文化					
其他						
6						
7						
8						

（8）市场竞争优势比例（1、2、3、4、5为分值比例，5分制）

序	竞争优势	1	2	3	4	5
1	低成本（低价格）					
2	高质量					
3	交付的灵活性					
4	按时交付的可靠性					
5	快速的交付速度					
6	批量柔性					
7	客户化定制					
8	新产品推出速度					
其他						
9						
10						
11						

8.4.2 新产品速度研究

（1）研发人员______生产人员______销售人员______（数目或比例）

（2）新产品有________几种类型（a. 全新产品 b. 模仿型新产品 c. 改进型新产品 d. 形成系列型新产品 e. 降低成本型新产品 f. 重新定位型新产品）

（3）新产品开发成败因素（重要程度 1~5）

序	成功因素	1	2	3	4	5
企业能力						
1	管理能力					
2	研究与开发能力					
3	资金能力					
4	推销能力					
5	市场研究能力					
6	企业对产品成功的信心					
产品和服务						
7	产品质量					
8	精通产品设计					
9	产品技术水平					
10	掌握产品技术					
11	能较好地满足用户需要					
12	能满足用户的特殊需要					
13	售前服务能力					
14	售后服务能力					
市场						
15	了解市场规模					
16	了解市场需求量					
17	了解生产成本					
18	价格竞争的激烈程度					

续表

序	成功因素	1	2	3	4	5
19	市场开拓					
20	市场需求量					
21	市场评价					
团队组织						
22	恰当的组织机构					
23	交叉功能团队					
24	高层管理的许诺和支持					
25	奖励和奖酬					
26	明确的义务和责任					
27	顾客的参与					
28	供应商的参与					
29	良好的合作伙伴					
过程						
30	充分的预备工作					
31	持续执行过程					
32	跟踪系统					
33	恰当新产品开发流程					
34	设备设施先进性					
信息化						
35	互联网资源共享					
36	局域网通信与资源共享					
37	员工计算机水平的普及					
其他						
38						
39						
40						

（4）竞争优势因素排序_____>_____>_____（v. 速度　c. 成本　q. 质量）

（5）加速新产品开发的竞争优势有：_____

a. 先入市场，赢得市场份额
b. 先入市场，赢得顾客印象
c. 先入市场，赢得新产品前期高价格、高利润
d. 赢得因新产品周期缩短机会利润
e. 保持与领先者距离，并努力追赶和超越
f. 获得持续市场竞争优势
g. 其他

（6）影响新产品开发速度的因素（重要程度 1~5）

序	影响新产品开发速度的因素	1	2	3	4	5
1	高层管理参与					
2	强有力的团队					
3	频繁可靠的通信					
4	有限产品目标					
5	组合产品规范					
6	模型构建					
7	多项目优化选择					
8	缩短设计准备时间					
9	时间价值的敏感性					
10	快速开发的产品结构					
11	快速决策的团队设计					
12	压缩时间技术					
13	流水型管理技术					
14	知识或经验向新品种的有效传递					
15	广泛的顾客参与					
16	广泛的供应商参与					
17	有效的设计原理					
18	组织学习效率					
19	产品设计和产品开发分开					
20	制订周密的计划					
21	真正的交叉功能团队					

续表

序	影响新产品开发速度的因素	1	2	3	4	5
22	承担开发前的预备工作					
23	强有力的市场定位					
24	全程周期追踪					
25	计算机辅助信息系统					
26	明确的产品规范					
27	倾听顾客之声					
28	强有力的市场定位					
29	知识管理（经验积累）					
30	其他合作伙伴参与（如研究机构）					
31						
32						
33						

（7）加速新产品开发的技术或方法（重要程度 1~5）

序	加速新产品开发的技术或方法	1	2	3	4	5
人						
1	交叉功能团队（CFT）					
2	团队领导能力					
3	团队开发能力（教育和培训）					
4	激励机制					
5	协同定位					
流程						
6	项目管理					
7	新产品开发流程					
8	顾客/供应商集成					
9	正式团队简报					
10	组织重设计					
工具与技术						
11	计算机/网络（通用数据库）					
12	计算机辅助设计（CAD）					

续表

序	加速新产品开发的技术或方法	1	2	3	4	5
13	计算机辅助工程（CAE）					
14	仿真					
常规方法						
15	质量功能展开（QFD）					
16	田口方法（Taguch，实验设计）					
17	制造设计（DFM）					
18	失效模式与影响分析（FMEA）					
19	并行工程（CE）					
20	设计与决策支持系统（DSS）					
其他						
21						
22						
23						

（8）请问贵单位新产品市场对速度是否敏感？如果是，请问贵单位主要进行新产品研发过程中哪一阶段的时间压缩、研发、生产、销售？贵单位认为哪一个阶段的时间富余量（时间弹性）大？

（9）如果贵单位在研发阶段强调时间，请问有无研发阶段时间计量和控制的方法？如果有，请给出大致的时间计量和控制的方法。

（10）请给出贵单位研发方面的大致流程，并说明其特色。

9 总结、认识和展望

本章在重申本书的创新点的基础上，归纳了加速新产品开发相关研究的参考方向，阐述了笔者的一些认识和感想，分析了企业未来的竞争优势。

9.1 主要创新点

（1）顾客需求的科目分录分析法

如何识别和分析顾客需求，并将其转化为新产品开发的指标或参数。质量功能展开是被公认和推广的良好方法，并在许多企业获得了成功的实践。然而，面对成千上万条记录，使用质量功能展开的质量逐层逐级展开将会非常困难，尤其是当今，顾客的需求变得复杂而不确定。借助计算机快速的处理速度并借鉴会计分录处理方法，提倡在不同行业内部建立顾客需求科目标准，标准化顾客需求，对新产品开发和产品销售都具有重要意义。顾客需求在科目分录分析原理上采用类似会计分录方法，分科目登记顾客需求到数据库中，以实现顾客需求的分类、统计、查询。通过赋予不同权重，可以很有针对性地设计和销售产品。顾客需求来源于三个方面：一是企业组织的人工调查、采访等；二是通过互联网与顾客进行交流；三是顾客到企业相应的前台服务部门进行咨询和提供需求等。然后，顾客需求通过程序或人工识别进行科目分类登录进入顾客需求数据库，开发人员和营销人员按照科目汇总报表或者科目查询，确定零部件设计要求以及营销区域和对象。这样处理量大、速度快，节省了整理和识别顾客需求的时间，从而达到进一步缩短新产品开发前端时间的目的。

(2) 新产品开发组织的面向对象方法

交叉功能团队（如委员会制）的所有好处离不开一个前提假设：交叉功能团队成员保持公平无私，且能够得到职能部门领导的高度理解和大力支持。然而，这在实际上几乎不太可能。应该说交叉功能团队组合是一种短暂的弱连接，职能部门目标与交叉功能团队目标差异必然导致交叉功能团队天平的倾斜，其工作也易受日常工作干扰，使决策周期变长。为了解决这方面的问题，本书提出使用面向对象的方法组建团队。出发点是考虑面向对象思想体现着人类认知的本质，且其在程序设计方面得到非常成功的应用后，就迅速扩散到多个领域，将其借用到组织设计上来是一个尝试。面向对象团队的原理上是打破原有的职能部门制，为企业每一个员工建立对象性档案，然后根据企业总体经营目标和研发战略，按照面向对象思想设计组建团队。这样就可以回避交叉功能团队的困境，同时也会因使用多种绩效评估措施，激励员工的积极性和创造性。当然，这种思想对于侧重研发的企业更为有效和实际，而对于研发外包或偏重制造和销售的企业就不太合适。

(3) 信息处理——“虚拟工件”排序策略

过去，市场“需”大于“供”，福特的流水线技术解决了生产的量与速度的问题。接着，日本的准时生产制思想进一步解决了品种与速度的需求。在产品制造过程中，影响工件的时间有设备调整时间、中转运输时间及加工时间。加工时间在很大程度上依赖于工件在机床上的排序策略。排序策略的研究和运用大大提高了生产加工的效率。

类比以物流为主导的生产过程，以信息流为主导的研发阶段同样可以运用排序策略来提高研发阶段的工作效率、缩短研发周期。如果说制造阶段制造的是产品，则研发阶段加工的是信息——创意或任务（多以图文档表达）。而与制造阶段不同的是，工件经过的是机床，信息流经的是人，可以将创意或任务称为"虚拟工件"，人当然也可以称为"虚拟设备"。这样就将研发阶段的信息处理进行了模型抽象，运用排序策略对信息处理者工作进行优化，缩短研发周期，且为今后研发的管理和研究提供了非常重要的参考和启发。

（4）新产品开发网络集成综合模型

影响新产品开发周期另一个重要核心因素就是新产品开发流程，而阶—门模型是一个显著的、相对简单的、易于理解和沟通的成功创新蓝图，是一个灵活的多功能系统。其对新产品开发的贡献是：较少重复工作、早期失败探察、更短周期、更及时推出，改善联合作业、提高成功率等。尽管这个模型及其变形模型（变串为并）在一定程度上规范着新产品开发，使得新产品开发有章可循，然而，如何从过去人工平台走向网络平台，需要对新产品开发流程模型做进一步研究，以使其更能适应现代网络技术的发展并满足企业和顾客对速度的要求。

20 世纪 90 年代，美国经济持续增长的主要原因之一是高新技术产业，特别是电脑业的高速发展。充分利用网络信息技术和资源、缩短交易和交流时间、加速新产品开发、实现大量定制是当今企业必备的竞争力。本书提出的网络综合模型，在继承上述模型优点基础上，集中体现信息化网络时代资源优势，反映出"以顾客为中心"新产品开发理念（顾客参与构思、设计、制造和营销等），可以实现经验积累（通过知识管理模块），变流程处理为状态响应。模型执行的前提是面向对象功能团队、企业成熟信息化、完善的物流配送等。

从完整性出发，本书还阐述了顾客需求管理、面向对象思想、组织设计理论、现代计算机网络技术状况等内容；分析了企业研发、制造与市场功能关系；综合了模糊数学、层次法及灰色系统等信息加工评估方法。而且在理论研究的同时，笔者对部分企业进行了走访调查，从实际中体会新产品开发的国内状况。现代计算机、网络和数据库技术是上述创新的基础，现代员工综合素质的普遍提高及信息加工的要求决定面向对象思想应用的可行性与合理性。

9.2 相关研究参考

尽管在笔者博士论文及后继时间里，查阅了大量中外文献并进行了部分企业的实际调查，但仍然因为条件所限，不能够对加速新产品开发进行更加全面和深入的研究。为了突出重点和深度，本书进行减少前端模糊性、加快前端信息处理、改善组织形式、提高整体新产品开发速度前述四个主要方面的创新，作为国内加速新产品开发研究的开端，对国内后继加速新产品开发的研究具有很大的参考价值。以下为笔者认为还需要完善的地方或参考性研究方向：

（1）研发流程中评估标准的完善

在研发流程中，对信息加工需要有相应的评估标准与之对应。从现有文献中可以看出，国内企业对研发的评估是建立在具体研发项目的综合指标上，也给出了相应指标体系。然而这些评估是整体的、笼统的，即未采用阶—门模型，但其方法同样可以用于阶段评估。国际化企业也没有现成或比较完善的产业或行业评估指标体系。因此，还需要建立阶段评估指标体系。针对某一产业，创意评估指标有哪些？概念评估指标有哪些？定义评估指标有哪些？原型评估指标有哪些？还有更细阶段划分的评估指标体系。这些评估指标体系不是一次就能够完成的，而是需要长期工作实践的积累，因此，笔者不能够在短期内完成这些有意义的工作，即便有比较好的研究对象企业。

（2）研发流程时间的具体量化

本书是从时间维度来研究新产品开发，研究有哪些方法或措施可以直接或间接地加速新产品开发。所以，具体流程阶段时间的量化无疑对本书的研究有深刻意义，或者说其归属本书的研究范畴。与前一问题一样，这样的工作很难进行或开展。在本书第一章，笔者曾经说明国外与国内研究的差别在于外国多数研究建立在实践的基础上，至少有对 10 家以上有说服力的企业的调查，不管其研究方法是如何简单。这样的结论是建立在国外企业与国内企业不同思想基础上的，国外企业是外向的，国内企业相对来说是传统的，或者说是保密的。实证基础研究在国内仍然十分缺乏，特别对于研发，不仅一个行业一个样，而且同一行业内，每家企业区别很大，研发流程时间很难量化，如果量化，首先需要标准化企业研发活动，本书在此方面是一个参考。

（3）研发流程中成本、质量和时间的实时均衡

研发流程中成本、质量、时间的实时均衡是新产品开发不同角度研究的共同问题，这三个基本的常规指标有时是一致的，有时是相互矛盾的，如何能够保持它们的实时综合参数或着重某个参数决策各自的状态控制，仍然是一个难题。尽管有文献已经阐述了一些方法，但这些方法还需要在实际中进一步验证。

（4）加速研发过程所附带的风险识别与评估

前面说明了加速新产品开发的内容包括竞争优势（成功因素）、方法、风险及均衡。时间同其他研究角度一样，不仅超过一定界限后，容易与其他重要目标产生矛盾，也相应地附带有一定的风险，即加速新产品开发不一定就能够百分之百地保证企业起死回生或领先超越。也正是因为加速新产品开发有风险存在，所以加速新产品开发就更有发挥的优势。在一定意义上，风险就是利润，抓住了机会，也就能够赢得更大的优势。意义虽然如此，但具体风险识别与评估将是一件困难的事情。所以，新产品开发时间维度的风险研究对企业具有很高的参考价值和利用价值。

（5）新产品开发外部关系研究

专家或学者很容易发现，本书研究未过多考虑企业研发的外部情况。研发是企业自身的研发，尽管提倡顾客和供应商的参与。在实际情况中，不能够忽略企业研发转包的情况，或企业接包研发的情况，或研发、制造与市场这样创新链的情况，或供应链方面研发运筹等。这其中的研发形式也同样是时间问题，但受本书重点及时间所限，本书未涉及这方面的研究。然而，这也是个不小的研究方向，有志者可以从此出发。

9.3 认识与感想

（1）本书是理论上的延伸和实践上的超前

本书从时间维度给予新产品开发方法上的补充，可以认为是方法和理论的持续延伸，但对于目前大部分中国的国有企业和民营企业来说又是超前和过剩的。中国企业目前或许不需要这样先进的理论，或还不愿接受如此先进的管理经验。笔者没有做这方面的调查和分析，但从对个别企业的走访可见一斑。这是什么原因呢？

在“厂长负责制”的今天，不能不将这种应用先进管理思想的期望寄托在领导的身上。但领导自身素质、眼光和身边环境决定其管理认识和管理水平。某企业领导层非常重视成本的控制，但有一难题难以得到解决，其实说出来这难题也不是什么“哥德巴赫”猜想，只是车间前后工序零部交接数目清点问题，大工件很容易，小工件看似麻烦一些。比如上一工序是100件，下一工序在没有清点的情况下默认是100件，结果下一工序在加工时发现工件数目多了或少了（多数是少了的）。当时有提议对于小工件使用过秤办法，不好数，但好称，台秤、磅秤都很方便，但是不妥，因为会影响加工的情绪或会由此产生抵触。这样的讨论对参与者显然是件无聊的事情，说明企业管理人员能够发现什么是问题，也知道具体的解决办法，可是没有“狠心”实施，一切靠面子说话肯定不行。

把小事做好，培养企业文化底蕴，培养出一批反映企业高素质的员工对于中国的国有企业已经是不少的进步。至于准时生产制思想、看板管理等管理思想或理论并不难以理解和执行，就是看中国式的企业领导愿不愿意用，而不是能不能用。中国的海尔集团从“砸冰箱”到产品质量意识、企业创新意识和文化意识是比较成功的例子。中国需要许许多多像张瑞敏那样的企业带头人和管理实践家，尽管有些员工觉得不满足。海尔是中国制造业的标杆。

（2）顾客其实不复杂

说过了中国的企业，再说说中国的顾客，也就是中国的老百姓。鲁迅早些年就形容中国的百姓是“伸颈鸭”，很形象，外国百姓可能也具有此通病。否则，为什么品牌能够代表质量和形象呢？为什么面对不同媒体许多营销广告时，许多百姓就会心动呢？为什么许多人反反复复上一些骗子的当呢？这说明，顾客并不复杂，大多数还没有变得十分挑剔，只要商家在销售中不存在欺骗行为，老百姓也就满足了。而且，很多情况都是商家对顾客说“不”，而不是顾客对企业说“不”。现在不就发生了许多商场搜身事件吗？原则上，警察也是不能够乱搜身的。被商场搜了身的顾客基本上赔偿了事。网上销售之所以低迷，是因为商家没有树立自己信誉机制，而且许多欺骗行为使顾客不得不防。曾经有一位顾客因为需要一书，周边书店又没有，便上网订购，结果书是寄过来了，不过时间已经过了半年，而且这位顾客在失望之余还是托同学提前买到了。可见，电子商务的关键不是空洞的允诺和华丽的网站建设，而是要配套及时周到的配送机制。顾客的心愿就是通过支付能够获取值得的商品和服务（也有个别顾客本身就不是顾客，只能归属于无赖）。另外，值得说明的是，中国顾客没有重视服务的传统，特别是今天的软件业，顾客默认的是交钱买软件，商家就应该无偿地提供实施、培训等服务。因此，国外企业搞不定中国小企业，中国软件商有时也觉得太累，花在服务上的成本是很难算清的。这种情况，随着时间的推移，中国企业客户也正在逐步接受有偿服务的规则。许多大企业已经为产品所涉及的服务花去重金。中国目前的情况是，直面顾客的仍然是销售部门人员，在市场竞争激烈的情形下与顾客打交道时，当然需要讲究技巧。顾客面对许多商家，在购物上也需要花很大心思。如果企业再觉得顾客不好理解，那就“穿上顾客的鞋子”，其实企业自身也是其他企业的顾客，相信“低价、高质、新颖、及时、环保”是所有顾客采购的基本标准。

（3）成本、质量和品牌仍然是企业和顾客的双重焦点

企业想降低成本，顾客更想买低价产品。企业想生产高质量产品，顾客期望产品有质量保证。企业想成为品牌企业，顾客喜欢买品牌产品。成本、质量和品牌仍然是企业和顾客的双重焦点。“快”在中国百姓的消费中尚可以忍受，还没有优势到这三种竞争手段的前面去。现在不复杂的中国顾客的随从心理使得品牌意识产生了一种虚幻意识，使企业的意识转变为广告是提高销售业绩的万能药——“要想俏，做广告”。顾客缺乏对品牌的检查意识和自我定位意识。然而，品牌能够长时间地得到“拥护”，说明品牌不仅是品牌，不仅是“金玉其外”，企业内涵的装载更为重要，对于企业来说是“由里及表”，对于顾客来说“由表及里”。品牌的打造非一件容易的事情，渗透着企业领导者的目光和胸怀，渗透着企业每一位员工高度的责任感和创造力。虚假品牌的生命力不会长久。

随着百姓教育程度和消费意识的提高，中国的企业会将创新和速度提到更高或最高的位置上。也就是说，中国企业还有速度和创新方面的发展余地。然而，外国企业多方面的渗透使得中国的企业不可能停留很久，必须即学即用、活学活用；否则，中国企业只能沦为“生产制造工具”。

9.4 展望未来

（1）CQNTG 是市场经济下永恒的手段

从古至今，社会或人类经济和生活各方面都已经进行了成本、质量、创新和时间的尝试，这是社会的共识，也是交易双方的共同目标。近代工业化革命的直接不良后果使得“绿色”成为又一重要社会性的生产和生活的统领指标。至此，人们对产品和服务的要求已经算是尽善尽美了，而企业或商家也看到了所有可能的基本的竞争优势。CQNTG（Cost，Quality，Newness，Time，Greenness）是现代和未来市场经济的永恒策略。

降低成本是经济不发达区域的重要和主要手段，因为其购买力有限，人们只满足于有限功能需求，顾客也不会复杂或挑剔。降低成本在商业发达的社会也是增加商家利润传统而有效的方式。当产品和服务成本无法下降时，最明显和最有效的方式是降低人力成本，直接表现是失业率的升高。当经济复苏时，企业又可以将“人”从市场拉回来。所以，人在市场经济下是物化的，不管企业号召、提倡或宣传如何“以人为本”。在企业的心目中，只有两个词——成本和利润，这也是财务上的根本。

质量应该是顾客最关心的指标，买到的货物牢不牢靠、耐不耐用，直接关系到顾客的根本利益，尤其是还不太富足的顾客（因为不能总是假设人人都是富翁）。即使许多针对高品位、高档次经营的企业（包括商店）也拿出服务的质量出来，使顾客获取身心上的满足。质量是顾客的事，也是企业创造品牌和提高声誉的重要形式，骗术是不会持久的。所以，“品牌＝质量＋服务”是有道理的，品牌对企业来说是低成本的，但对顾客是高成本的。所以，提高和保持质量从长远来说对企业大有裨益。

没有创新，就体现不出人类社会的进步，人类社会的发展史也是人类社会不断创新的历史，尽管这时间在历史长河中显得多么微不足道，这其中不断演进量变和质变过程。因此，创新本身并没有什么新意。人们为了方便搬运，想到了将滑动变滚动，也就想到了车，接着就从木车想到了铁车，加上机械动力驱动，便成了今天的汽车、火车。看到鸟在天上飞，就想到造飞机，看到鱼在水中游，就想到造潜艇，结果飞机也上天了，潜艇也入水了。这里的创新，一方面体现人类为克服困难而制造工具的本领；另一方面也体现了人类天生异想天开的本性，一代又一代，总可以造出来，也把梦想变成了现实。现代企业的动机，应该与此相差甚远，利润是企业创新的本来面目，而这本来面目的表现形式则满足了顾客求异、求变、求新的心理上的潜在需求。尤其是现代经济比较发达、社会物质条件还好、人们讲究时尚和品位的环境下，创新就成了企业的领先优势。

时间是空间或存在的衡量，可以并列为第四维，但一维对应空间三维；另外，时间还有一个问题就是“不可逆性”，这至少在目前人类认知范围内是公理。因此，常常说的“生命宝贵”，其实不是生命宝贵，而是时间宝贵。时间才是人类在基本生活条件下最理想的需求，求生的欲望也就是求时间。时间对个体来说是需求。时间不仅表现在常规的生产效率和生活节奏的快速上，还需要恰到好处，需要讲究准时性（Just In Time）、合时性(Timeline)。因此，基于时间竞争的本意还是准时竞争、准时研发、准时生产及准时销售。然而，因为研发和市场的高度动态性和不确定性，所以需要企业具有预见性眼光和手段，捕捉顾客潜在和长远的需求，提前进行新产品研发、准时生产并及时销售。节省顾客时间，就节省了顾客成本，也就为顾客创造了利润。故从此意义上说，基于时间竞争实质是“以顾客为中心”。当然，企业除了面对顾客以外，还要对竞争对手采取防御或进攻战略企业之间的促销战迫使企业以更快的速度把新产品推到顾客面前，尽管对企业本身来说面临巨大压力和困境。所以，不断加速升级，自然容易掉入“加速陷阱”。然而，无论是主动，还是被动，企业除了保持产品和服务成本和质量外，必须进行加速创新，以领先或赶超自己的竞争对手。

绿色，代表环保，是整个人类的共同的、根本的利益。工业化革命已经使人们认识到自己的行为带有“自掘坟墓”的嫌疑。森林大面积加速消失，动植物物种的加速减少，水、空气和土壤的加速污染，新病毒的加速扩散都对人类提出严重警告及威胁。“人定胜天”看来有些螳臂当车，尽管人类已经实现了穿越地球和更深层次的宇宙探测，但这不值得人类骄傲，把自然视为“敌人”进行盲目征服和改造的行为是荒谬的。好在人类因品尝到自身行为的严重后果而唤起了觉醒，环保成为全球每一个公民应尽的义务。所以，顾客面对企业的非绿色产品必须说“不”，企业也必须尽可能排除非绿色的研发和生产方案。因此，绿色至少要从今天开始成为企业运行的最高指标，超越任何指标。

（2）基于时间竞争后继竞争优势——虚拟市场

基于时间竞争的最终目的不是产品和服务的速度和品种的最大化，而是拥有顾客和获取长期长远的利润和优势。基于时间竞争是一种以顾客为中心的竞争战略。如图 9.1 所示的企业竞争优势战略演进过程中，（a）成本领先和（b）质量优先战略是从产品和服务的本身出发。到了时间领先战略（即 TBC），企业便围绕顾客来加快产品和服务的速度，改善产品和服务成本与质量，而不是"闭门造车"，坐等顾客上门。当基于时间竞争战略走向成熟的时候，互联网（Internet）、环球网（World Wide Web）和其他"虚拟"通信方式产生了，并对企业的竞争战略产生了深远影响[39]。企业不再需要"门面"摆货售货，而是通过网络寻求需求信息和发布自己的产品和服务信息，在网上进行交易，这样便形成了"虚拟市场"，既方便了顾客，也提高了效率。虚拟市场主要特征是：首先，虚拟市场是一个全方位的市场，交易对象可以包括所有的要素；其次，虚拟市场理论上不受时空条件限制，是一个国际化的"全天候"市场；最后，虚拟市场是具有高速流动性的开放性市场[226]。通过虚拟市场，企业可以按照市场需求实现大量定制生产，减少库存，减少流通环节，加快交易进程，从而提高运营效率和经济效益。而且多个企业还可联盟组成"虚

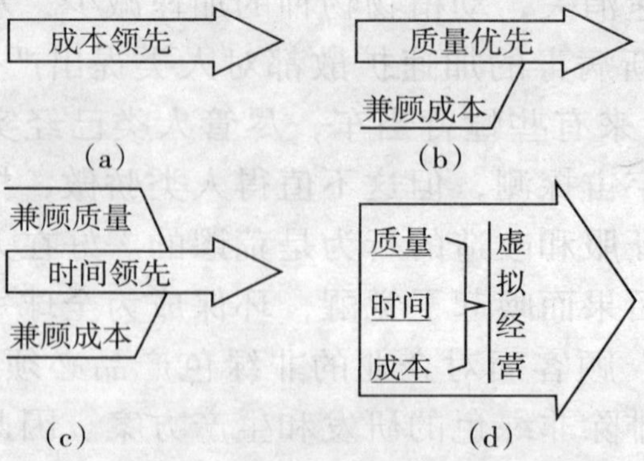

图 9.1　企业竞争优势战略转移过程

拟企业”，充分利用多方面能力资源，完成顾客特殊需求。

需要指出的是，“虚拟市场”仍是一种以顾客为中心的竞争优势，虚拟企业的组建，网络营销等都是最大限度地满足顾客的多元需求（包括心理需求）。“虚拟市场”的基础仍然是成本、质量、时间、创新和环保等用户与企业共同的需求要素和人类共同的生存目标。以现代计算机和网络技术为背景，以顾客为中心的“虚拟市场”在一定程度上还需要等待“市场”信用机制和物流配送体系进一步完善。“价格之战”、“品牌之战”、“创新之战”及“速度之战”仍然是当前企业立足和发展的主要手段，尽管有许多“虚拟市场”的研究，但其仍然处于理论阶段。即便是将来，同样以现代技术为背景，以顾客为中心的快速创新也是虚拟市场模式下的主体竞争优势。

笔者在撰写博士论文的过程中，随手翻阅到了《科技文明》[189]一书，在第三章市场经济和干预中，对市场经济的描述不仅增进了对市场经济的认识和理解，而且对解答本书涉及的相关问题很有帮助。本书的研究及目前许多研究都是在当前的市场经济的背景下进行的，不论是何种政体。《科技文明》认为，市场经济不是完善的经济形式，市场经济会出乎理想主义的意识之外，让理想主义者恼火的首先是它本身的不完善性，其次是其天性的自由，正是因为如此，市场经济存在着，将一些成功地背叛它的国家重新牵引回来重建自己的市场，并融合到世界的大市场中。所以，市场经济是一种无奈的存在经济，在它的领域里，人们享受到了充分的自由与这自由下的公平。但其结果必然会导致两极分化，必然要有大部分人成为被怜悯和同情者，这与人性公平存在着矛盾。很显然，市场最高法则是竞争，而这竞争态势犹如大海，时而风平浪静，时而波涛滚滚，不时还有火山喷涌。在这多变的环境中，谁都难以精确预测将来，谁也难以把握命运。市场像天气，人们可以对其进行假设和预测，但要对其进行控制显然非常困难，而且目前不太可能。市场也像天气一样并非无规律可循，它同样具有一定的周期性和一些潜在的规律性；否则，市场经济呈现在人们面前的永远只有神秘。所以，不可能找到完善的市场经济，也不存在完善的市场经济。想要大家都有全面的经济保障，这个愿望绝不会完全实现，为此而丧失的个人自由和经济效率可能太大了，“市场经济，便是与那些更坏的经济形式相比一种较坏的经济形式”[189]。时间、成本和质量等正是市场经济里的“魔棒”，谁能够拥有并精通它们，谁就可以克敌制胜、遥遥领先或后来居上。

参考文献

1. Alberto De Toni, Antonella Meneghetti. Traditional and Innovative Paths towards Time-Based Competition [J]. *Int. J. Production Economics*, 2000: 255-268

2. Ali E. Akgün, Gary S. Lynn, John C.Byrne. Taking the Guesswork out of New Product Development: How Successful High-Tech Companies Get That Way [J]. *Journal of Business Strategy*, 2004, Vol.25 (4), 41-46

3. Anil Khurana, Stephen R. Rosenthal. Integrating the Fuzzy Front End of New Product Development [J]. *Sloan Management Review*, Winter 1997

4. Anil Khurana, Stephen R. Rosenthal. Towards Holistic "Front Ends" In New Product Development [J]. *The Journal of Product Innovation Management*, 1998 (15): 57-74

5. Ashok K. Gupta, William E. Souder. Key Drivers of Reduced Cycle Time [J]. *Research Technology Management*, Jul.-Aug.1998, 41 (4): 38-42

6. Avan R. Jassawalla, Hemant C. Sashittal. Cross-Functional Dynamics in New Product Development [J]. *Research Technology Management*, Jan.-Feb. 2000, 43 (1): 46-49

7. Barry L. Bayus, Speed-to-Market and New Product Performance Trade-offs [J]. *Journal of Product Innovation Management*,

1997, 14 (6): 485-497

8. C. Meyer, P. E. Purser. Six Steps to Becoming a Fast-Cycle-Time Competitor [J]. *Research Technology Management*, Sept./Oct. 1993: 41-48

9. Carey C. Curtis, Lynn W. Ellis. Satisfy Customers While Speeding R&D and Staying Profitable [J]. *Research Technology Management*, Sept./Oct. 1998, 41 (5): 23-27

10. Cbristopb-Friedricb von Braun. The Acceleration Trap In the Real World [J] . *Sloan Management Review*, Summer 1991: 43-52

11. Cbristopb-Friedricb von Braun. The Acceleration Trap [J]. *Sloan Management Review*, Fall 1990: 49-58

12. Cecil Bozarth and Steve Chapman. A contingency view of time-based competition for manufacturers [J]. *International Journal of Operations & Production Management*, 1996, 16 (6): 56-67

13. Christopher Meyer. The Second Generation of Speed [J]. *Harvard Business Review*, April 2001, 79 (4): 24-25

14. David H. Gobeli, Daniel J. Brown. Improving the Process of Product Innovation [J]. *Research Technology Management*, March-April 1993: 38-44

15. Denis Lambert, Stanley F. Slater. Perspective: First, Fast, and On Time: The Path to Success, or Is It [J]. *The Journal of Product Innovation Management*, Sept. 1999, 16 (5): 427-438

16. Don H. Lester. Critical success factors for new product development [J]. *Research Technology Management*, Jan.-Feb. 1998, 41(1): 36-43

17. Donald G. Reinertsen. Taking the Fuzziness Out of the Fuzzy Front End [J]. *ResearchTechnology Management*, November-December 1999: 25-31

18. Donald Gerwin. Coordinating New Product Development in Strategic Alliances [J]. *Academy of Management Review*, Apr. 2004, 29 (2): 241-257

19. Edward F. McDonough Ⅲ. Investigation of Factors Contributing to the Success of Cross-Functional Teams [J]. *The Journal of Product Innovation Management*, 2000, 17: 221-235

20. Eric M. Olson, Jr. Orville C. Walker, Robert W. Ruekert, Joseph M. Bonner. Patterns of cooperation during new product development among marketing, operations and R&D: Implications for project performance [J]. *The Journal of Product Innovation Management*, 2001, 18: 258-271

21. G. Jr. Stalk, Alan M. Webber. Japan's dark side of time [J]. *Harvard Business Review*, Jul./Aug. 1993, 71 (4): 93-102

22. G. Jr. Stalk, T. M. Hout. Competing against Time: How Time-based Competition Is Reshaping Global Markets [M]. *Free Press*, *New York*, 1990

23. G. Jr. Stalk. Time-the next source of competitive advantage [J]. *Harvard Business Review*, July-August 1988: 41-51

24. G. Thomas Clay, Preston G. Smith. Rapid prototyping accelerates the design process [J]. *Machine Design*, March 9, 2000: 166-171

25. Gary S. Lynn, Mario Mazzuca and Joseph G. Morone etc. Learning is the critical success factor in developing truly new products [J]. *Research Technology Management*, May-June 1998: 45-51

26. Gary. Reiner. Winning the race for new product development [J]. *Management Review*, August 1989, 78 (8): 52-53

27. Gerard A. Athaide, Rodney L. Stump. A Taxonomy of Relationship Approaches During Product Development in Technology-

Based and Industrial Markets [J]. *JPIM*, September 1999, 16(5): 469-482

28. Gregg Tong and Preston G. Smith. How product developers use the internet [J]. *Product Development Best Practices Report*, April 2001: 5-8

29. Hanne Harmsen, Klaus G. Grunert, and Karsten Bove. Company competencies as a network: the role of product development [J]. *Journal of Product Innovation Management*, May 2000, 17 (3): 194-207

30. Hassan S. Abdalla. Concurrent engineering for global manufacturing [J]. *Int. J. Production Economics*, 1999: 251-260

31. I. Barclay, Z. Dann. New-product-development performance evaluation: a product-complexity based methodology [J]. *IEE Proceedings, Sci. Meas. Technology*, March 2000, 147 (2):41-55

32. J. Daniel Sherman, David Berkowitz, William E.Souder. New Product Development Performance and the Interaction of Cross-Functional Integration and Knowledge Management [J]. *Journal of Product Innovation Management*, Sep.2005, 22 (5): 399-411

33. J. L. Bower, and T. M. Hout. Fast-Cycle Capability for Competitive Power [J]. *Harvard Business Review*, Nov./Dec. 1988: 110-118

34. Janet Y. Murray, Mike C.H. Chao. A Cross-Team Framework of International Knowledge Acquisition on New Product Development Capabilities and New Product Market Performance [J]. *Journal of International Marketing*, 2005, 13 (3): 54-78

35. Jimme A Keizer, Jan-Peter Vos, Johannes I.M. Halman. Risks in New Product Development: Devising a Reference Tool [J]. *R&D Management*, Jun.2005, 35 (3): 297-309

36. John D. Kasarda. Time-based competition & industrial location in the fast century [J]. *Real Estate Issues*, Winter 1998/1999, 23 (4): 24-29

37. Joseph M.Bonner, Orville C. Walker. Selecting Influential Business -to -Business Customers in New Product Development: Relational Embeddedness and Knowledge Heterogeneity Considerations [J]. *Journal of Product Innovation Management*, May 2004, 21 (3): 155-169

38. Jr. Robert W. Veryzer. Discontinuous innovation and the new product development process [J]. *JPIM*, July 1998, 15 (4): 304-321

39. Julie T. Johnson, James W. Busbin. The evolution of competitive advantage: has virtual marketing replaced time -based competition [J]. *Competitiveness Review*, 2000, 10 (2): 153-159

40. Khim Ling Sim, Anthony P. Curatola. Time -based competition [J]. *International Journal of Quality & Reliability Management*, 1999, 16 (7): 659-666

41. Kit Fai Pun, Kwai Sang Chin. Online Assessment of NPD Performance: an Approach [J]. *Total Quality Management & Business Excellence*, Mar. 2005, 16 (2): 157-169

42. Kyriakos Kyriakopoulos,Ko de Ruyter. Knowledge Stocks and Information Flows in New Product Development [J]. *Journal of Management Studies*, Dec. 2004, 41 (8): 1469-1498

43. Ludwig Bstieler. The Moderating Effect of Environmental Uncertainty on New Product Development and Time Efficiency [J]. *Journal of Product Innovation Management*, May 2005, 22 (3): 267-284

44. Lynn W. Ellis, Carey C. Curtis. Speedy R&D: how beneficial [J]. *Research Technology Management*, Jul.-Aug. 1995, 38

(4): 42-51

45. Mats Engwall, Ragnar Kling, Andreas Werr. Models in action: how management models are interpreted in new product development [J]. *R&D Management*, Sep. 2005, 35 (4): 427-439

46. Michael Schrage. Faster innovation? Try rapid prototyping [J]. *Harvard Management Update*, Dec. 1999, 4 (12): 10-11

47. Minna Forssén Nyberg, Jussi Hakamǎki. Development of the Production Using Participative Simulation Games: Two case Studies [J]. *Int. J. Production Economics*, 1998, 56-57 (1): 169-178

48. Mohammad Z. Meybodi. An Exploration of the Links Between Just-In-Time Manufacturing & Simultaneous New Product Development [J]. *Advances in Competitiveness Research*, 2005, 13 (1): 9-21

49. Mohan V. Tatikonda. An empirical study of platform and derivative product development projects [J]. *JPIM*, Jan. 1999, 16 (1): 3-26

50. Morgan L. Swink. A tutorial on implementing concurrent engineering product development programs [J]. *Journal of operations Management*, 1998, 16 (1): 103-116

51. Muammer Ozer. A survey of new product evaluation models [J]. *JPIM*, Jan. 1999, 16 (1): 77-94

52. Nadia Bhuiyan, Donald Gerwin, Vince Thomson. Simulation of the New Product Development Process for Performance Improvement [J]. *Management Science*, Dec. 2004, 50 (12): 1690-1703

53. Nick Rich, Peter Hines. Supply-chain management and time-based competition: The role of the supplier association [J]. *International Journal of Physical Distribution & Logistics Management*, 1997, 27 (3/4): 210-243

54. Niklas Sundgren. Introducing interface management in new

product family development. *JPIM*, January 1999, 16 (1): 40–51

55. Patrick J. Rondeau, Mark A. Vonderembse, T.S. Ragu–Nathan. Exploring work system practices for time–based manufacturers: their impact on competitive capabilities [J]. *Journal of Operations Management*, 2000, 18: 509–529

56. Peter Koen, Greg Ajamian and Robert Burkart etc. Providing clarity and a common language to the Fuzzy Front End [J]. *Research Technology Management*, March/April 2001: 46–55

57. Peter O'Neill, Amrik S. Sohal. Business process reengineering: a review of recent literature [J]. *Technovation*, 1999, 19: 571–581

58. Petri Suomala. The Life Cycle Dimension of New Product Development Performance Measurement [J]. *International Journal of Innovation Management*, Jun. 2004, 8 (2): 193–221

59. Preston G. Smith, Donald G. Reinertsen. Shortening the Product Development Cycle [J]. *Research–Technology Management*, May–June 1992: 44–49

60. Preston G. Smith. Fast–Cycle Product Development [J]. *Engineering Management Journal*, June 1990: 11–16

61. Preston G. Smith. From Experience: Reaping Benefit from Speed to Market [J]. *Journal of Product Innovation Management*, May 1999: 222–230

62. Preston G. Smith. Managing Risk as Product Development Schedules Shrink [J]. *Research Technology Management*, Sept.–Oct. 1999: 25–32

63. Preston G. Smith. Saying "no" to customers [J]. *Across the Board*, March 1994: 56–57

64. Preston G. Smith. What do product developers read? [J]. *PDMA Visions*, October 2000: 8–8

65. Preston G. Smith. Winning the new products rat race [J]. *Machine Design*, May 12, 1988: 95-98

66. Qiang Tu, Mark A. Vonderembse, T.S. Ragu-Nathan. The impact of time-based manufacturing practices on mass customization and value to customer [J]. *Journal of Operations Management*, 2001, 19: 201-217

67. Rajesh Nellore, R. Balachandra. Factors Influencing Success in Integrated Product Development (IPD) Projects [J]. *IEEE Transactions on Engineering Management*, May 2001, 48 (2): 164-174

68. Rene Cordero, G. F. Farris, and Nancy DiTomaso. Technical Professionals in Cross-functional Teams: Their Quality of Work Life [J]. *Journal of Production Innovation Management*, 1998 (15): 550-563

69. Rene Cordero. Developing the knowledge and skills of R&D professionals to achieve process outcomes in cross-functional teams [J]. *The Journal of High Technology Management Research*, 1999, 10 (1): 61-78

70. Richard T. Hise. The implications of time-based competition on international logistics strategies [J]. *Business Horizons*, Sep./Oct. 1995, 38 (5): 39-45

71. Robert G. Cooper, Elko J. Kleinschmidt. Stage gate systems for new product success [J]. *Marketing Management*, 1993, 1 (4): 20-29

72. Robert G. Cooper. Developing new products on time, in time [J]. *Research Technology Management*, Sep.-Oct. 1995, 38 (5): 49-57

73. Robert G. Cooper. Stage-gate systems: a new tool for managing new products [J]. *Business Horizons*, May-June 1990:

44-53

74. Robert T. Keller. A Resource-Based Study of New Product Development: Predicting Five-Year Later Commercial Success and Speed to Market [J]. *International Journal of Innovation Management*, Sep. 2004, 8 (3): 243-260

75. Robert W. Veryzer, Brigitte Borja de Mozota. The Impact of User-Oriented Design on New Product Development: An Examination of Fundamental Relationships [J]. *Journal of Product Innovation Management*, Mar. 2005, 22 (2): 128-143

76. Roberto Verganti. Planned flexibility: linking anticipation and reaction in product development projects [J]. *JPIM*, July 1999: 16(4): 363-376

77. Roger A. Kerin, P. Rajan Varadarajan, and Robert A. Peterson. First-mover advantage: A synthesis, conceptual framework, and research propositions [J]. *Journal of Marketing*, 1992, 56: 33-52

78. Rosanna Garcia. Uses of Agent-Based Modeling in Innovation/New Product Development Research [J]. *Journal of Product Innovation Management*, Sep. 2005, 22 (5): 380-398

79. Sandro Giovanni Valeri, Henrique Rozenfeld. Improving the Flexibility of New Product Development (NPD) through a New Quality Gate Approach [J]. *Journal of Integrated Design & Process Science*, Sep. 2004, 8 (3): 17-36

80. Shona L. Brown, Kathleen M. Elsenhardt. Product development: past research, present findings, and future directions [J]. *Academy of Management Review*, 1995, 20 (2): 343-378

81. Sin-Hoon Hum and Hoon-Hong Sim. Time-based competition: literature review and implications for modeling [J]. *International Journal of Operations & Production Management*, 1996, 16 (1):

75-90

82. Srikant Datar, C. Clark Jordan, Sunder Kekre, Surendra Rajiv, and Kannan Srinivasan. Advantages of *time -based* new product development in a fast -cycle industry [J]. *Journal of Marketing Research*, Feb. 1997, 34 (1): 36-49

83. Steven A. Murphy, Vinod Kumar. The Front End of New Product Development: A Canadian Survey [J]. *R&D Management*, 1997(1): 5-16

84. Susan E.Reid, Ulrike de Brentani. The Fuzzy Front End of New Product Development for Discontinuous Innovations: A Theoretical Model [J]. *Journal of Product Innovation Management*, May 2004, 21 (3): 170-184

85. T. Hillman Willis, A. F. Jurkus. Product Development: An Essential Ingredient of Time -Based Competition [J]. *Review of Business*, Spring/Summer 2001, 22 (1/2): 22-27

86. Thomas M. Hout. Time -based competition is not enough [J]. *Research Technology Management*, Jul./Aug. 1996, 39 (4): 15-17

87. Ulrike de Brentani, Elko J. Kleinschmidt. Corporate Culture and Commitment: Impact on Performance of International New Product Development Programs [J]. *Journal of Product Innovation Management*, Sep. 2004, 21 (5): 309-333

88. Xenophon A. Koufteros, Mark A. Vonderembse and William J. Doll. Developing measure of time -based manufacturing [J]. *Journal of Operations Management*, 1998, 16: 21-41

89. Yao Huang Tseng. Examining the Relationship between the Design -Manufacturing Cooperation and New Product Development Time Performance: The Moderating Role of Technological Innovative -

ness [J]. *Journal of American Academy of Business*, Cambridge, Mar. 2006, 9 (1): 133-138

90. Z.Ayag. An Integrated Approach to Evaluating Conceptual Design Alternatives in a New Product Development Environment [J]. *International Journal of Production Research*, 2/15/2005, 43 (4): 687-713

91. 陈国权，陈世敏. 新产品开发中组织、加速方法和环境因素的系统研究 [J]. 清华大学学报：哲学社会科学版，1998 (2): 39-48

92. 陈守明. 速度制胜：新时代企业的竞争主题 [J]. 经济管理，1999 (8): 54-54

93. 戴维·巴尔沃萨，路易斯·马丁，沈农夫译. 是谁嫁祸于"中国制造" [J]. 大众商务，2006 (6): 10-11

94. 高金玉，宋晓云. 新产品开发中的模糊前端 (FFE)：概念、特征及其管理 [J]. 科技进步与对策，2005，22 (1):66-68

95. 戈国莲，刘春年. 新产品开发与市场信息驱动关联度分析 [J]. 情报杂志，2004，23 (9): 31-32

96. 葛玲英. 新产品开发：如何对市场反应更敏捷 [J]. 科技进步与对策，2000，17 (6): 52-53

97. 郭斌，刘鹏，汤佐群. 新产品开发过程中的知识管理 [J]. 研究与发展管理，2004，16 (5): 58-64

98. 郭刚等. 数字化时代的产品开发支持系统建设 [J]. 计算机辅助设计与制造，2000 (8): 58-60，64

99. 胡树华. 新产品开发成败的影响因素调查报告 [J]. 科学·经济·社会，1996，14 (4): 25-29

100. 胡树华. 国内外产品创新管理研究概述 [J]. 中国管理科学，1999，7 (1): 65-76

101. 胡雪梅. 产品创新的"奥斯本 6M 法则" [J]. 企业活力，

2000（5）：25-25

102. 李斌. 虚拟技术在新产品开发中的应用［J］. CAD/CAM与制造业信息化，2006（2）：136-138

103. 李冬琴，黄晓春. 论新产品开发中的信息粘滞［J］. 科技进步与对策，2005，22（1）：69-71

104. 李吉栋. 新产品开发网络计划的编制［J］. 大众科技，2006（6）：113-114

105. 李岳凡，陈锋. 反求工程技术在新产品开发中的应用［J］. 机械设计与制造，2006（3）：129-130

106. 廖冰，聂建良. 新产品开发团队建设与管理［J］. 科技管理研究，2005，25（10）：153-155

107. 刘春年，戈国莲. 基于新产品开发的数据分析中心构建［J］. 情报科学，2005，23（4）：602-604

108. 刘鸿恩，张列平. 质量功能展开（QFD）理论与方法：研究进展综述［J］. 系统工程，2000，18（2）：1-6

109. 刘燕敏. 公司A、公司B、公司C……［J］. 思维与智慧，2007（2）：49-49

110. 娄策群，高鹏. 论企业新产品开发与企业R&D活动的关系［J］. 商业研究，2005（3）：61-63

111. 吕涛，王震声. 新产品开发的速度问题［J］. 中国流通经济，2000（2）：26-29

112. 吕涛，王震声. 产品创新领先企业竞争优势研究［J］. 中国管理科学，2001，9（1）：74-80

113. 吕涛，王震声. 企业产品创新和加速产品创新的国内外研究综述［J］. 云南财经学院学报，2000（3）：60-64

114. 罗帆. 多层次灰色评价法在新产品评估中的应用［J］. 武汉理工大学学报：交通科学与工程版，2001，25（3）：294-297

115. 罗雯，何佳讯. 关系范式下新产品开发模式的变革［J］.

商品经济与管理，2005（5）：49-54

116. 牛芳. 新产品开发决策的评价体系分析［J］. 机械管理开发，2006（1）：123-124

117. 彭运芳. 新产品开发的层次分析模型［J］. 系统工程，2004，22（4）：71-72

118. 齐佳音，李怀祖. 客户关系管理（CRM）的体系框架分析［J］. 工业工程，2002，5（1）：42-45

119. 齐佳音，李怀祖，吴建林. 客户关系管理辨析［J］. 工业工程，2002，5（4）：21-25

120. 尚志武，王太勇，万淑敏等. 集成 QFD、VE、TRIZ 的新产品开发系统 QVTS 研究［J］. 制造技术与机床，2006（1）：33-36

121. 宋智民，李秀春. 用层次分析法评价及选择新产品开发项目［J］. 机械管理开发，2000（1）：53-55

122. 万福才，汪定伟，陈培友. 相关新产品的组合投入模型［J］. 控制理论与应用，2004，21（2）：257-260

123. 王洁，白向东. 新产品开发的分析评价法［J］. 纺织器材，2000，28（1）：59-60

124. 王静，李华. 基于模糊逻辑推理的新产品开发方案决策方法［J］. 工业工程. 2006，9（2）：111-115

125. 王力勤，戴家忠. 用模糊相似优先比进行产品评估［J］成都信息工程学院学报，2001，16（1）：58-60

126. 王倩，俞安平. 基于时间的新产品开发战略. 江苏商论，2005（6）：42-44

127. 王雪华，刘荣等. 新产品研发流程再造的设想［J］. 大连理工大学学报，2001，22（1）：29-32

128. 王毅，范保群. 新产品开发中的动态平台战略［J］. 科研管理，2004，25（4）：97-103

129. 王颖，杭言勇，张惠东. 准时生产制（JIT）与抢时竞争（TBC）[J]. 技术经济与管理研究，2000（4）：43-44

130. 文萃. "入世"中国企业面临十大险关［N］. 北京青年报，2001-11-05

131. 吴明赞，陈森发，陈淑燕. 企业开发产品的多目标模糊决策分析[J]. 管理工程学报，2001，15（4）：10-12

132. 项勇. 多指标综合评估法的局限性［J］. 河南科技，2002（6）：26-27

133. 肖诗唐，王毓芳，郝凤. 新产品开发与统计技术［M］. 中国计量出版社，2001.10

134. 谢富纪. 新产品开发的过滤模式［J］. 研究与开发管理，1997，9（6）：1-5

135. 谢立伯. 时间创造竞争优势［J］. 江苏统计，2001（3）：41-42

136. 许锋，李虎，于天彪等. 制造业中新产品开发决策系统的研究［J］. 组合机床与自动化加工技术，2005（6）：110-112

137. 许锋，李虎，刘佳等. 制造业新产品开发风险评价及其防范［J］. 机械制造，2005，43（7）：48-50

138. 杨德林，陈耀刚. 关于新产品创意的若干问题分析［J］. 科学学与科学技术管理，2003，24（5）：58-61

139. 杨宏为，宋伟，都威. 浅析竞争中的时间要素［J］. 四川大学学报，2001（6）：29-33

140. 杨秀蓉. 基于互联网交互性的新产品开发实证研究［J］. 湖湘论坛，2006，19（2）：49-51

141. 尹良富. 日本企业的竞争优势与产品开发［J］. 上海经济研究，2000（7）：54-58

142. 于松章，洪军，唐一平等. 基于 RRE/RP/RT 技术的产品快速开发集成制造系统［J］. 新技术新工艺，2004（3）：30-32

143. 俞国燕，陈永民，赖朝安. 多神经网络技术在新产品开发决策中的应用研究 [J]. 机床与液压，2005 (12)：33-35

144. 曾一军. 跨国公司在华新产品开发策略与中国企业的对策 [J]. 当代财经，2004 (12)：101-104

145. 翟丽. 新产品开发的时间战略 [J]. 中国软科学，2001 (3)：71-75

146. 张同. 新产品开发与设计实务 [M]. 江苏科学技术出版社，2000.08

147. 赵锡安. 美国经济持续增长的奥秘 [N]. 亚太经济日报，1998-5-26

148. 郑绍濂，翟丽. 新产品开发的最优战略均衡模型 [J]. 管理科学学报，1998，1 (3)：12-19

149. 钟廷修. 快速响应工程和快速产品设计策略 [J]. 机械设计与研究，1999 (1)：9-12

150. 周秀丽，王旭. 新产品开发风险评价与决策方法研究 [J]. 工业工程与管理，2000，5 (6)：26-28，33

151. 朱振中. 新产品开发的模糊分析 [J]. 山东工程学院学报，2000，14 (1)：68-72

152. Alex Berson，Stephen Smith，Kurt Thearling 著，贺奇，郑岩等译. 构建面向 CRM 的数据挖掘应用 [M]. 人民邮电出版社，2001

153. C. 默尔·克劳福德 (C. Merle Crawford). 新产品管理 (第 5 版) [M]. 机械工业出版社，1999

154. Christoph-Friedrich von Braun，科学技术部国际合作司编译. 创新之战 [M]. 机械工业出版社，1999

155. D.福克纳，C.鲍曼著，李维刚译. 竞争战略 [M]. 中信出版社，1997

156. David Wilemon. Cross-functional teamwork in technology-

based organizations [C]. *Proceedings of the 1995 IEEE Annual International Engineering Management*, 1995

157. J. 佩帕德（Joe Peppard），P. 罗兰（Philip Rowland）著，高俊山译. 业务流程重组 [M]. 中国人民大学出版社，1999

158. [美] JR. Milton D. Rosenau 著，王俊杰，郭爽，李启华，余秀慧译. 成功的新产品开发——加速从机会到利润的进程 [M]. 中国人民大学出版社，2005

159. Karl T. Urich，Steven D. Eppinger. 产品设计与开发（第2版）[M]. 东北财经大学出版社，2001

160. MBA 必修核心课程编译组. 新产品开发 [M]. 中国国际广播出版社，2000

161. [美] Preston G. Smith，Donald G. Reinertsen 著，吴海棠译. 产品开发新法则（Developing Product In Half The Time：New rules，New Tools；Second Edition）[M]. 清华大学出版社，2005

162. Preston G. Smith，Donald G. Reinertsen. Developing Product In Half The Time [M]. *New York*：*Nostrand Reinhold*，1991

163. [加拿大] Robert G. Cooper 著，刘崇献，刘延译. 新产品开发流程管理（Winning at New Products：Accelerating the Process from Idea to Launch；Third Edition）[M]. 机械工业出版社，2003

164. Rok Ursic. Developing New Products in Half the Time [C]. International Conference on Accelerator and Large Experimental Physics Control Systems，Trieste，Italy，1999

165. Thomas D. Kuczmarski. Managing New Products：The Power of Innovation [M]. New Jersey：Prentice-Hall，1992

166. 阿诺尔特·魏斯曼著，史世伟，和贞译. 战略管理——成功五要素 [M]. 华夏出版社，2001

167. 查尔斯·M. 富特雷尔著，苏丽文译. 销售学基础：顾客就是生命［M］. 东北财经大学出版社，2000

168. 柴邦衡，陈卫. 设计控制［M］. 机械工业出版社，2001

169. 陈国权. 制造业先进生产方式与管理模式［M］. 科学技术文献出版社，1998

170. 陈荣秋. 生产计划与控制［M］. 华中理工大学出版社，1999

171. 陈余年，方美琪. 信息系统工程中的面向对象方法［M］. 清华大学出版社，1999

172. 戴同. CAD/CAP/CAM 基本教程［M］. 机械工业出版社，1997（第 1 版）

173. 邓建成. 新产品开发与技术经济分析［M］. 化学工业出版社，2001

174. 邓聚龙. 灰理论基础［M］. 华中科技大学出版社，2002

175. 丁予展，吴少平. 市场开拓与新产品开发效益［M］. 机械工业出版社，1992

176. 范法明. 企业竞争论［M］. 人民出版社，2000

177. 傅家骥. 技术创新学［M］. 清华大学出版社，1998

178. 胡树华. 产品创新管理——产品开发设计的功能成本分析［M］. 科学出版社，2000

179. 黄静. 产品管理［M］. 高等教育出版社，2001

180. 黄良辅. 新产品开发之谋略［M］. 中国经济出版社，1992

181. 金良浚. 研究与开发管理［M］. 浙江教育出版社，1989

182. 雷光复. 面向对象的新一代数据库系统［M］. 国防工业出版社，2000

183. 李百吉. 新产品开发系统论：中国工业企业研究与发展战略［M］. 中国经济出版社，1998

184. 李昭原，罗晓沛. 数据库技术新进展［M］. 清华大学出版社，1997

185. 刘云生. 现代数据库技术［M］. 国防工业出版社，2001

186. 罗伯特·J. 托马斯. 新产品开发［M］. 上海译文出版社，1998

187. 罗时凡. 工业企业的新产品开发［M］. 华中理工大学出版社，1988

188. 迈克尔·波特著，陈小悦译. 竞争优势［M］. 华夏出版社，1997

189. 闵惠泉. 科技文明［M］. 华夏出版社，2000

190. 任君卿等. 新产品开发［M］. 科学出版社，2005

191. 荣涵锐，荣毅虹. AutoCAD 三维图形在机械设计中的应用［M］. 哈尔滨工业大学出版社，1999（第 1 版）

192. 盛水源. 新产品开发指南［M］. 中国物资出版社，1994

193. 施培公. 后发优势——模仿创新的理论与实证研究［M］. 清华大学出版社，1999

194. 施普尔，克劳舍. 虚拟产品开发技术［M］. 机械工业出版社，2000

195. 斯蒂芬·莫尔斯. 成功的产品管理［M］. 上海远东出版社，1998

196. 孙巩，郭垂元等. 产品开发可行性论证指南——研究分析与实施管理［M］. 北京航空学院出版社，1987

197. 覃征，汪应洛等. 网络企业管理［M］. 西安交通大学出版社，2001

198. 唐纳德·R. 莱曼，拉塞尔·S. 温纳. 产品管理（第 2 版）［M］. 北京大学出版社，1998

199. 吴培良，郑明身，王凤彬. 组织理论与设计［M］. 中国人民大学出版社，1998

200. 小杰克·伯特，L. 特德·穆尔. 管理决策模型［M］. 商务印书馆，1992

201. 休斯公司，复旦大学管理科学系科技管理组译. 研究与

开发的生产率［M］. 复旦大学出版社，1981

202. 徐国华，张德，赵平. 管理学［M］. 清华大学出版社，1998

203. 徐士钰，仇向洋等. 宏观科技政策研究：中国 R&D 投资国际比较分析［M］. 同济大学出版社，1993

204. 许庆瑞. 技术创新管理［M］. 浙江大学出版社，1990

205. 许庆瑞. 研究、发展与技术创新管理［M］. 高等教育出版社，2000

206. 杨德林. 新产品概念开发［M］. 清华大学出版社，2006

207. 叶锡琳. 新产品开发［M］. 宇航出版社，1992

208. 叶云岳. 科技发明与新产品开发［M］. 机械工业出版社，2000

209. 张仁侠. 研究与开发战略［M］. 广东经济出版社，1998

210. 赵光忠. 产品开发与卖点设计［M］. 中国时代经济出版社，2005

211. 赵海. 嵌入式 Internet——21 世纪的一场信息技术革命［M］. 清华大学出版社，2001

212. 周树清. 新产品开发与实例［M］. 中国国际广播出版社，2000

213. 朱海滨，阳国贵，刘仲. 面向对象原理与应用［M］. 国防科技大学出版社，1998

214. Churujianghu（网名）. 开发 75 条［EB/OL］. http：//blog.csdn.net/churujianghu/archive/2005/07/03/411178.aspx，浏览于 2005.09

215. Customer-Centric New Product Launch：Do or Die［EB/OL］. http：//www.cpowerinc.com/dodie.pdf，浏览于 2001.12

216. Decision making［EB/OL］. http：//www.mindsim.com/MindSim/Corporate/ OODA.html，浏览于 2002.02

217. DELL 技术解决方案 [EB/OL]. http: //www.esay.org/example/manufacture/dell/dell001.htm, dell002.htm，浏览于 2002.01

218. Philip A. Himmelfarb. Being First to Market Isn't Enough [EB/OL]. http: //www. qualitydigest. com/feb/product. html，浏览于 2002.01

219. Product Development Institute Inc. stage-gates introduction [EB/OL]. http: //www.prod-dev.com/ sg-gates.shtml, sg-stages.shtml, sg-benefits.shtml, stage-gate.shtml，浏览于 2002.11

220. 蔡亮. 典型的商品化 CAD/CAM 软件简介 [EB/OL]. http: //www.e-works.net.cn/ewkarticles/category29/article9766.htm，浏览于 2002.11

221. 泛微网络有限公司.协同的管理思想 [EB/OL]. http: //weaver.com.cn/products/defination.asp，浏览于 2002.11

222. 郭卜乐. 今日心理 [EB/OL]. http: //www.cptoday.net/，浏览于 2002.10

223. 侯继勇. 张亚勤：微软中国每年研发投入将超 1 亿美元 [N]. 21 世纪经济报道，2006-1-21

224. 科技部. 中国汽车企业自主研发现状及发展趋向分析 [EB/OL]. http: //www.chinardm.com /info/html/200609071355.html

225. 李际. 协同商务的三个环节 [EB/OL]. http: //www. eworks.net.cn/ewkArticles/Category41/Article10273. htm，浏览于 2002.11

226. 吕本富. 新经济再回首之三：新经济的经济周期 [EB/OL]. http: //www.cass.net.cn/chinese/y_08/y_08_203.htm，浏览于 2002.01

227. 天津市快速成型中心. 快速成型简介 [EB/OL]. http: //www.rp.com.cn/about_rp.htm，浏览于 2002.11

228. 屠斌飞. IPD 的核心思想 [EB/OL]. http: //www.sjd.com.cn/notes/file200139.htm，浏览于 2002.10

229. 网迅广电. 企业信息化决定企业未来［EB/OL］. http：//www.china-wangxuntv.com/r2.htm，浏览于 2002.11

230. 吴鸣. 海尔员工自曝管理内幕［EB/OL］. 新电子（http：//www.xindianzi.com/），浏览于 2003.01

231. 现代顾客需求特征［EB/OL］. http：//www.wiseman.com.cn/ebusinessc/netsale/09/0901/0901001.htm，浏览于 2001.12

232. 杨泽民. 创新技法（一、二、三、四）［EB/OL］.（奥联网）http：//www.allnetcn.com，浏览于 2002.12

233. 银通公司. 数据仓库标志［EB/OL］. http：//www.sqlmine.com/warehouse/，浏览于 2002.11

234. 银通公司. 数据挖掘是什么？不是什么？［EB/OL］. http：//www.sqlmine.com/warehouse/htm/112.htm，浏览于 2002.11

235. 曾宪文. 时间竞争与缩短配送的订货周期策略研究［D］. 上海：复旦大学，1999

236. 张晓灵. 基于时间的房地产新竞争：上海房地产市场报告［EB/OL］. http：//www.drcnet.com.cn/html_document/guoyan/drcindex1/2002-04-01/D4166A7E5E4E305F48256B8E00082B37.asp，浏览于 2001.06

237. 中国电子信息百强企业网. 2007 年（第 21 届）电子信息百强企业排序揭晓新闻发布稿［EB/OL］. http：//www.ittop100.gov.cn/20070612/01. shtml

238. 周季钢，唐宜青. 微软，一个时代的没落［J］. 经济，2005（9）：96-98

239. 朱辉杰. 制造业信息化呼唤 CAD［J/OL］. 中国计算机报，（http：//www.gzii.gov.cn/left/xxh/dt/2001.10/ 11-1.htm），浏览于 2002.10

240. Rapid Prototyping. Foundry management & technology［J］. Jan. 2000，128（1）：2-4

241. 受“入世”冲击七大产业：中国已争取到保障措施[N]. 瞭望，2001-11-12

附录 英文缩略词

CAX，CAD/CAM/CAPP/CAE（计算机辅助设计、制造、工艺计划、工程）

CE/SE，Concurrent/Simultaneous Engineering（并行工程）

CFT，Cross-Functional Team（交叉功能团队）

CIMS，Computer Integerated Manufacturing System（计算机集成制造系统）

CRM，Customer Requirement Management（顾客需求管理）

DFM，Design For Manufacturing（面向制造的设计）

DSS，Decision Surport System（决策支持系统）

ERP，Enterprise Resource Planning（企业资源计划）

ETL，Extract，Transform，Load（数据抽取、转换、装载）

FMEA，Failure Mode Effect Analysis（失效模式效果分析）

FTM，First-To-Mindshare（心灵市场占有率第一）

IPD，Integrated Product Development（集成产品开发）

JIT，Just in Time（准时生产制）

KM，Knowledge Management（知识管理）

MIS，Management Information System（管理信息系统）

MRP，Material Requirement Planning（物料需求计划）

MRPⅡ，Manufacturing Resource Planning（制造资源计划）

OA，Office Automation（办公自动化）

OBM，Orignal Brand Manufacturer（原始品牌制造商）

ODM，Original Design Manufacturer（原始设计制造商）
OEM，Original Equipment Manufacturer（原始设备生产商）
OO，Object Oriented（面向对象）
QFD，Quality Function Deploy（质量功能展开）
RP，Rapid Prototype（快速原型）
SME，Small and Medium-scaled Enterprises（中小企业）
SG，Stage-Gate（阶—门或阶段门）
TQM，Total Quality Management（全面质量管理）
VM，Virtual Manufacturing（虚拟制造）
VOC，Voice of Customer（顾客之声）